AF269572

Focus

SERIE INTELIGENCIA EMOCIONAL DE HBR

Serie Inteligencia Emocional de HBR

Cómo ser más humano en el entorno profesional

Esta serie sobre inteligencia emocional, extraída de artículos de la *Harvard Business Review*, presenta textos cuidadosamente seleccionados sobre los aspectos humanos de la vida laboral y personal. Estas lecturas, estimulantes y prácticas, ayudan a conseguir el bienestar emocional en el trabajo.

Mindfulness	*Poder e influencia*
Resiliencia	*IE Virtual*
Felicidad	*Energía y motivación*
Empatía	*Buenos hábitos*
El auténtico liderazgo	*Inclusión*
Influencia y persuasión	*Perseverancia*
Cómo tratar con gente difícil	*Gestiona la ansiedad*
Liderazgo (Leadership Presence)	*Curiosidad*
Propósito, sentido y pasión	*Seguridad psicológica*
Autoconciencia	*Positividad y crecimiento*
Focus	*Cómo controlar el pensamiento excesivo*
Saber escuchar	
Confianza	*Conversaciones difíciles*

Otro libro sobre inteligencia emocional de la
Harvard Business Review:

Inteligencia Emocional, 3ª edición

Focus

SERIE INTELIGENCIA EMOCIONAL DE HBR

Reverté Management
Barcelona · México

Harvard Business Review Press
Boston, Massachusetts

Descuentos y ediciones especiales

Los títulos de Reverté Management (REM) se pueden conseguir con importantes descuentos cuando se compran en grandes cantidades para regalos de empresas y promociones de ventas. También se pueden hacer ediciones especiales con logotipos corporativos, cubiertas personalizadas o con fajas y sobrecubiertas añadidas.

Para obtener más detalles e información sobre descuentos tanto en formato impreso como electrónico, póngase en contacto con revertemanagement@reverte.com o llame al teléfono (+34) 93 419 33 36.

Focus
Serie Inteligencia Emocional de HBR
Focus
HBR Emotional Intelligence Series

Original work copyright © 2017 Harvard Business School Publishing Corporation
Published by arrangement with Harvard Business Review Press

© Harvard Business School Publishing Corporation, 2017
All rights reserved.

© **Editorial Reverté, S. A., 2020, 2021, 2022, 2023, 2024, 2025**
Loreto 13-15, Local B. 08029 Barcelona – España
revertemanagement@reverte.com

12ª impresión: noviembre 2025

Edición en papel
ISBN: 978-84-17963-01-9

Edición ebook
ISBN: 978-84-291-9542-2 (ePub)
ISBN: 978-84-291-9543-9 (PDF)

Editores: Ariela Rodríguez / Ramón Reverté
Coordinación editorial: Julio Bueno
Traducción: Genís Monrabà Bueno
Maquetación: Patricia Reverté
Revisión de textos: Mariló Caballer Gil

Estimado lector, con la compra de ediciones autorizadas de este libro estás promoviendo la creatividad y favoreciendo el desarrollo cultural, la diversidad de ideas y la difusión del conocimiento. Al no reproducir, escanear ni distribuir ninguna parte de esta obra por ningún medio sin permiso estás respetando la protección del copyright y actuando como salvaguarda de las creaciones literarias y artísticas, así como de sus autores, permitiendo que Reverté Management continúe publicando libros para todos los lectores. En el caso que necesites fotocopiar o escanear algún fragmento de este libro, dirígete a CEDRO (Centro Español de Derechos Reprográficos, http://www.cedro.or). Gracias por tu colaboración.

Impreso en España – *Printed in Spain*
Depósito legal: B 896-2020
Impresión: Liberdúplex, S.L.U.
Barcelona – España

30

Contenidos

Contenidos

Contenidos

Focus

SERIE INTELIGENCIA EMOCIONAL DE HBR

1

El líder enfocado

Daniel Goleman

Una de las principales tareas del liderazgo consiste en dirigir la atención. Pero para lograrlo, lo primero que debe hacer un líder es aprender a enfocar la suya. Normalmente, cuando hablamos de enfocar la atención, nos referimos a ignorar las distracciones que afectan cualquier actividad. Pero un gran número de estudios recientes indica que nos enfocamos de distintas maneras, con propósitos diferentes y apoyándonos en múltiples redes neuronales —entre las cuales unas trabajan colaborativamente y otras, en oposición—.

Agrupar estos modos de atención en tres grandes grupos —enfocarse en *uno mismo*, enfocarse en *los demás* y enfocarse en *el mundo*— permite arrojar nueva luz en la práctica de muchas de las habilidades esenciales para el liderazgo. Enfocarse constructivamente en uno mismo y en los demás permite que los líderes cultiven los elementos principales de la inteligencia emocional. Y una comprensión amplia de cómo se relacionan con el resto del mundo les permite mejorar sus habilidades para diseñar estrategias, ser innovadores y tomar responsabilidades.

Todos los líderes deben mejorar estos tres niveles de conocimiento de forma constante y equilibrada. Porque, si fracasan en el enfoque introspectivo, se encontrarán sin rumbo; si fracasan enfocándose en los demás, perderán sus referencias, y si fracasan enfocándose en el mundo, pueden quedar aislados.

Enfocarse en uno mismo

La inteligencia emocional empieza con tomar conciencia de uno mismo —contactar con nuestra voz interior—. Los líderes que prestan atención a su voz interior son capaces de aprovechar más recursos para tomar mejores decisiones y conectar con su ser auténtico. Pero, en realidad, ¿qué significa esto? Entender cómo se enfoca la gente en sí misma puede ayudar a definir este concepto un tanto abstracto.

La autoconciencia

Escuchar tu voz interior es una forma de prestar atención a las señales psicofisiológicas internas. Estas sutiles señales están controladas por la ínsula, una estructura del cerebro que está ubicada detrás de los lóbulos frontales. Si diriges la atención a cualquier parte de tu cuerpo, automáticamente, la ínsula aumenta su sensibilidad. Por ejemplo, si enfocas tu atención en el latido de tu corazón, la ínsula activa más neuronas relacionadas con ese circuito. De hecho, un indicador para medir la autoconciencia es la habilidad que cada uno tiene para sentir los latidos de su corazón.

Los instintos son impulsos que provienen de la corteza insular y de la amígdala cerebral, a los cuales

Antonio Damasio, neurocientífico de la Universidad de Carolina del Sur, denomina «marcadores somáticos». Estos impulsos son sensaciones que indican si algo anda bien o mal. Los marcadores somáticos simplifican la toma de decisiones porque dirigen tu atención hacia las mejores alternativas. No son infalibles —¿cuántas veces experimentaste la sensación de haberte dejado la estufa encendida?—, por eso, si somos capaces de entenderlos, lograremos optimizar el funcionamiento de nuestra intuición (ver recuadro «¿Pretendes pasar de largo este recuadro?»).

Por ejemplo, analiza los resultados de las entrevistas a 118 vendedores profesionales y a 10 altos directivos de los bancos de inversión de la City de Londres que llevó a cabo un grupo de investigadores británicos. Los vendedores más exitosos —cuyos ingresos anuales ascendían a 500.000 libras— no fueron ni los que se apoyaron únicamente en los datos analíticos ni los que confiaron ciegamente en sus instintos. En realidad, se enfocaron en un amplio rango de emociones que usaron para valorar el juicio de su intuición. Cuando sufrieron pérdidas, procesaron su ansiedad, se volvieron más cautos y asumieron menos riesgos. En cambio, los vendedores con menos éxito —cuyos ingresos anuales ascendían a 100.000 libras— solían ignorar su ansiedad y seguían adelante con sus instintos. Esa fue la razón por la que no lograron los mismos resultados: no escucharon el cúmulo de señales internas, por lo que tomaron peores decisiones.

Prestar atención a nuestras impresiones sensoriales en cada momento es uno de los elementos más importantes de la autoconciencia. Pero también es crucial para el liderazgo saber convertir las experiencias vitales en una visión coherente de nuestro auténtico ser.

Ser auténtico significa ser la misma persona en todo momento; es decir, tanto a solas con uno mismo como con los demás. En parte, eso implica prestar atención a lo que los otros piensan de ti; en especial, a qué impresión tienen de ti aquellas personas cuya opinión valoras y que serán sinceras contigo. Para ello, una forma de enfoque útil puede ser la *conciencia abierta*, en la cual percibimos en toda su amplitud lo

¿PRETENDES PASAR DE LARGO ESTE RECUADRO?

¿Te cuesta recordar lo que alguien te ha dicho en una conversación? ¿Conduces hacia el trabajo con el piloto automático? ¿Estás más enfocado en tu teléfono móvil que en la persona con la que estás comiendo?

La atención es un músculo mental; y, como cualquier otro músculo, debe fortalecerse con los ejercicios adecuados. El aspecto fundamental para construir una atención intencionada es simple: cuando tu mente se disperse, detecta que está divagando y llévala de vuelta al objeto de enfoque; una vez enfocada, mantenla fija tanto tiempo como puedas. Este ejercicio tan básico es, en esencia, la raíz de cualquier tipo de meditación. La meditación aumenta la concentración y la tranquilidad, y facilita la recuperación tras episodios de estrés y tensión.

Existe un videojuego desarrollado por un grupo de neurocientíficos llamado *Tenacity*. El juego propone un viaje placentero por media docena de escenarios distintos, desde un árido desierto hasta una fantástica escalera en espiral que se dirige hacia el cielo. En el nivel principiante, solo debes pulsar la pantalla del iPad con un dedo cada vez que exhalas; el reto consiste en golpear la pantalla con dos dedos cada cinco respiraciones. A medida que vas superando los niveles, los escenarios presentan más distracciones —un helicóptero aparece en el cielo, un avión ejecuta un a pirueta o una bandada de pájaros aparece de la nada—.

Cuando los jugadores se sincronizan con el ritmo de su respiración, experimentan el fortalecimiento de la atención selectiva como una sensación de enfoque tranquilo, como si estuvieran meditando. La Universidad de Standford está explorando esa conexión en su Calming Technology Lab, que se dedica a desarrollar dispositivos que ayudan a la relajación. Por ejemplo, si tener la bandeja de entrada del correo electrónico llena te provoca lo que se llama «apnea del correo electrónico», una de estas aplicaciones para iPhone puede ayudarte, mediante los ejercicios apropiados, a calmar tu respiración y tu mente.

que sucede a nuestro alrededor sin quedar atrapados o arrollados por ninguna cosa en particular. De este modo no juzgamos, censuramos o ignoramos ningún comentario, simplemente los percibimos.

Este método puede resultar un tanto incómodo para aquellos líderes que están acostumbrados a dar únicamente su opinión y a rechazar cualquier consejo. Normalmente, una persona que tiene problemas para mantener la mente abierta a menudo se verá atrapada en los pequeños detalles y se irritará enseguida, como cuando aguardamos el lento avance de los viajeros en la cola de facturación de un aeropuerto. Una persona que es capaz de mantener su atención de forma abierta, observará la lentitud de los pasajeros pero no se preocupará por ello, y se enterará más de todo lo que le rodea (ver el recuadro «Expande tu conciencia»).

De todos modos, el que estés abierto a los comentarios externos no garantiza que te vayan a proporcionar tal información. Desgraciadamente, la vida nos ofrece pocas oportunidades para saber cómo nos ven realmente los demás, y menos aún para los ejecutivos a medida que se asciende en la jerarquía laboral. Quizá por eso, uno de los cursos más populares y con más matriculaciones de la Escuela de Negocios de Harvard es el del Desarrollo Auténtico del Liderazgo de Bill George, en el que él mismo ha creado unos grupos que llama «el verdadero norte» para aumentar el conocimiento de la autoconciencia.

Estos grupos —a los que puede acceder todo el mundo— se basan en el postulado de que el autoconocimiento comienza con la autorrevelación. En consecuencia, son abiertos e íntimos; como explica George: «Un lugar seguro, donde los miembros pueden discutir asuntos personales que no ven la posibilidad de plantear en otro lugar, ni siquiera con los miembros más cercanos de sus familias». ¿Para qué sirven? «No sabemos quiénes somos hasta que no escuchamos cómo contamos la historia de nuestra vida a aquellos que queremos», asegura George. Es una forma estructurada de encajar la visión de nosotros mismos con la visión que tienen nuestros más fieles compañeros; una revisión externa de nuestra autenticidad.

EXPANDE TU CONCIENCIA

Del mismo modo en que las lentes de una cámara pueden reducir el enfoque para ajustarse a los detalles o aumentarlo para captar una vista panorámica, tú eres capaz de hacer lo mismo.

Una forma para detectar a aquellos que tienen una conciencia abierta es esta: muéstrales una lista de letras y números como esta: S, K, O, E, 4, T, 2, H, P. Cuando le echen un vistazo, muchos detectarán el primer número, el cuatro. Luego, su atención disminuirá, y es probable que pasen por alto el segundo número. Quienes tienen una conciencia abierta detectarán ambos números.

Fortalecer la habilidad de mantener una conciencia abierta a veces requiere que los líderes practiquen comportamientos que se contradicen con su propia lógica, como renunciar a la voluntad de no tener el control, no dar sus propios puntos de vista o no juzgar a los demás. En realidad, más que una acción determinada, es un cambio de actitud.

Para realizar este cambio, un método útil consiste en acudir al clásico poder del pensamiento positivo, porque el pesimismo reduce nuestro enfoque, mientras que las emociones positivas expanden nuestra atención y nuestra receptividad a lo nuevo e inesperado. Una forma fácil de entrar en el modo positivo es preguntarse: «Si todo funciona perfectamente, ¿qué estaré haciendo al cabo de diez años?». ¿Por qué es efectiva esta pregunta? Porque, como ha descubierto Richard Davidson, neurocientífico de la Universidad de Wisconsin, cuando estás de buen humor, el área prefrontal izquierda de tu cerebro se ilumina. Precisamente esa misma área es la que se encarga de albergar el circuito que nos recuerda lo satisfechos que estamos cuando logramos alcanzar alguna meta a largo plazo.

Richard Boyatzis, psicólogo de la Case Western Reserve, asegura que: «Hablar de objetivos e ilusiones en positivo activa los centros cerebrales que te abren a

(continúa)

EXPANDE TU CONCIENCIA

nuevas posibilidades. Pero, si centras tu discurso en lo que debes hacer para solucionar o arreglar algo tuyo, ocurre lo contrario. Los elementos negativos son necesarios para sobrevivir, pero los positivos, para prosperar».

Autocontrol

El «control cognitivo» es el término científico para enfocar y mantener la atención donde uno quiere a pesar de las múltiples distracciones. Este enfoque es unos de los aspectos de la función ejecutiva del cerebro, que se encuentra en el córtex prefrontal. El término coloquial es «la fuerza de voluntad».

El control cognitivo permite que los directivos persigan un objetivo concreto a pesar de las distracciones y los contratiempos. El mismo circuito neuronal que habilita esta búsqueda de objetivos también se encarga de las emociones descontroladas. Las personas que mantienen la calma en una crisis, controlan la ansiedad y se reponen de los fracasos y las derrotas son un buen ejemplo de control cognitivo.

Décadas y décadas de investigación han demostrado la importancia que tiene la fuerza de voluntad para lograr un liderazgo exitoso. Resulta especialmente interesante un estudio exhaustivo sobre el recorrido vital de 1.037 niños nacidos en un mismo año en la ciudad neozelandesa de Dunedin, llevado a cabo en los años setenta. A lo largo de su infancia, aquellos niños fueron sometidos a varias pruebas que evaluaron su fuerza de voluntad, incluida la famosa prueba del malvavisco del psicólogo Walter Mischel —la elección entre comer un malvavisco de inmediato u obtener dos si eres capaz de esperar 15 minutos—. En el experimento de Mischel, aproximadamente un tercio de los niños cogía la golosina al instante, otro tercio era capaz de esperar un poco más, y el último tercio lograba resistir el cuarto de hora entero.

Años más tarde, cuando los niños del estudio de Dunedin ya habían superado la treintena, los investigadores descubrieron que aquellos que habían mostrado un mayor control cognitivo para resistirse a la tentación de coger el malvavisco, estaban más sanos, tenían más éxito financiero y mostraban más respeto por la ley que aquellos que habían sido incapaces de resistirse. En realidad, los análisis estadísticos muestran que el nivel de autocontrol de un niño es un medidor más fiable del éxito financiero que el coeficiente intelectual, la clase social, la familia o las circunstancias.

Según Mischel, la forma en la que nos enfocamos es la clave para mostrar nuestra fuerza de voluntad. Cuando se opone el autocontrol a la autosatisfacción, entran en juego tres subvariedades del control cognitivo: la capacidad de desviar voluntariamente tu atención de un objeto de deseo; la resistencia a las distracciones o a volver a caer en ellas; y la capacidad de concentrarse en las metas futuras e imaginarse la satisfacción que produce lograrlas. Ya como adultos, los niños de Dunedin podrían haber sido rehenes de su yo infantil; pero, gracias a que la capacidad para enfocarnos puede desarrollarse, no sucedió exactamente eso (ver el recuadro «Aprende a autocontrolarte»).

APRENDE A AUTOCONTROLARTE

Fíjate: A continuación, aparece una prueba de control cognitivo. ¿Hacia dónde apuntan las flechas que se encuentran en el medio de cada fila?

→ → → ← ←
→ ← ← ← ←
→ → ← → →

Esta prueba, el test de Eriksen Flanker, calibra tu susceptibilidad a las distracciones. Cuando se efectúa bajo condiciones de laboratorio, se pueden detectar diferencias de una milésima de segundo en la velocidad con la que los sujetos perciben la dirección hacia la que apuntan las flechas del medio. Cuanto más fuerte es tu control cognitivo, menos susceptible eres a las distracciones.

Las actuaciones para fortalecer el control cognitivo pueden ser tan poco sofisticadas como el juego del *Simon Says* o el del Semáforo —en realidad, cualquier juego en el que necesites controlar tus actos en el momento adecuado—. Las investigaciones apuntan

(continúa)

APRENDE A AUTOCONTROLARTE

que, cuanto mejor juegue un niño al juego de las sillas musicales, más fuertes serán sus conexiones prefrontales para el control cognitivo.

La enseñanza del método de aprendizaje social y emocional (SEL) que se usa para fortalecer el control cognitivo en escuelas a lo largo y ancho de Estados Unidos sigue el mismo principio. Cuando un niño se enfrenta a una situación complicada se le aconseja que piense en el color de una luz de un semáforo. La luz roja indica que debe detenerse, calmarse y pensar antes de actuar. La amarilla, que disminuya el ritmo y reflexione sobre posibles soluciones. Y la verde, que ponga en práctica el plan y evalúe cómo funciona. Pensar en estos términos permite a los niños usar el comportamiento deliberado que proviene del córtex prefrontal, en vez de hacer uso de los impulsos de la amígdala.

Aunque nunca es demasiado tarde para que los adultos también fortalezcan esos circuitos. Las sesiones diarias de práctica de mindfulness funcionan de manera similar a las Sillas Musicales o al SEL. En estas sesiones enfocas tu atención en la respiración, y practicas el rastreo de tus pensamientos y tus emociones sin dejarte arrastrar por ellos. Cuando te des cuenta de que tu mente está divagando, tan solo debes reconducirla hacia el ritmo de tu respiración. Parece fácil, pero pruébalo durante diez minutos y verás que tienes mucho margen de mejora.

Enfocarse en los demás

La palabra «atención» proviene del vocablo latino *attendere*, que significa atender. En realidad, es una definición perfecta para poder enfocarse en los demás, que es la base de la empatía y de la capacidad para construir relaciones sociales —el segundo y el tercer pilar de la inteligencia emocional—.

Los directivos que se enfocan efectivamente en los demás son fáciles de reconocer. Son los que encuentran un espacio común donde relacionarse, los que aportan las opiniones más valoradas y con los que las otras personas quieren trabajar. Surgen como líderes naturales, independientemente de su jerarquía o su clase social.

La tríada de empatía

Por lo común, cuando hablamos de la empatía nos referimos a un solo atributo en particular. Pero una mirada más minuciosa de adónde enfocan la atención los líderes cuando muestran empatía revela tres tipos distintos de esta, todos y cada uno de ellos de vital importancia para la eficacia del liderazgo:

- *Empatía cognitiva:* la habilidad para entender el punto de vista de otra persona.

- *Empatía emocional:* la habilidad para experimentar los sentimientos de otra persona.

- *Preocupación empática:* la habilidad para percibir lo que una persona necesita de ti.

La *empatía cognitiva* permite que los líderes se expliquen de manera significativa —una característica imprescindible para obtener el mejor rendimiento de sus colaboradores—. En contra de lo que puedas pensar, practicar la empatía cognitiva implica que los líderes reflexionen sobre los sentimientos, más que sentirlos directamente.

Una actitud inquisitiva fomenta la empatía cognitiva. Como explicaba un exitoso empresario: «Siempre quiero aprenderlo todo, entender a cualquier persona que tenga a mi alrededor: qué piensa, qué hace, por qué hace lo que hace, qué estrategias usa y si son útiles o no». Pero la empatía cognitiva también es una consecuencia de la autoconciencia. Los circuitos ejecutivos que nos dan la facultad de reflexionar sobre nuestros propios pensamientos y analizar los sentimientos que emergen de ellos también nos permiten aplicar el mismo razonamiento para entender a las otras personas cuando decidimos dirigir la atención en ese sentido.

La *empatía emocional* es determinante para el asesoramiento, la gestión de clientes e interpretar dinámicas de grupo. Brota de las partes más arcaicas del cerebro que se encuentran por debajo de la corteza cerebral —la amígdala, el hipotálamo, el hipocampo y el córtex orbitofrontal—, y nos permite experimentar y actuar más rápidamente sin tener que recurrir al pensamiento. Es capaz de conectarnos replicando en nuestros cuerpos los estados emocionales de los demás: literalmente, puedo experimentar tu dolor. Mis patrones cerebrales se ajustan a los tuyos cuando escucho cómo me cuentas una historia fascinante. Como dice Tanya Singer, la directora del departamento de neurociencia del Instituto Max Planck para las Ciencias Cognitivas Humanas y del Cerebro de Leipzig: «Necesitas comprender tus sentimientos para entender los sentimientos de los demás». El acceso a tu capacidad para la empatía emocional depende de combinar dos tipos de atención: un foco intencionado en los sentimientos de otra persona y una conciencia abierta para captar la voz, el rostro u otros signos externos de sus emociones (ver recuadro «Cuando la empatía es necesaria»).

La *preocupación empática*, que está estrechamente relacionada con la empatía emocional, no solo te permite experimentar los sentimientos de los demás, sino que también te concede la capacidad de saber qué quieren los demás de ti. En realidad, es lo que le pedirías a tu doctor o a tu pareja, pero también a tu jefe. La preocupación empática tiene sus raíces en los circuitos que obligan a los padres a hacerse cargo de sus hijos. Observa adónde se dirigen los ojos de la gente cuando alguien entra en una habitación con un bebé adorable, y podrás comprobar cómo entra en acción ese circuito cerebral tan genuino en los mamíferos.

CUANDO LA EMPATÍA ES NECESARIA

La empatía emocional puede cultivarse. Esta es la conclusión a la que llegó una investigación dirigida por Helen Riess, la directora del Programa de Empatía y Ciencia Relacional del Hospital General de Massachusetts. Riess desarrolló un programa que ayudaba a los médicos a analizarse y a enfocarse mejor, usando la respiración profunda y diafragmática para mejorar su objetividad —es decir, para alcanzar una visión panorámica de los hechos, en vez de perderse entre sus pensamientos y sus sentimientos—. Como diría Riess: «Apartar todo lo que te rodea para observar lo que realmente está sucediendo te ofrece la oportunidad de ser completamente consciente de tus acciones sin ser esclavo de las reacciones que experimentas. [...] De este modo, puedes darte cuenta de si tu propia psicología está saturada o equilibrada». Por ejemplo, que un doctor se dé cuenta de que está irritado puede ser una señal de que el paciente también está molesto.

Según Riess, aquellos que se encuentran totalmente perdidos o en un punto muerto pueden ser capaces de estimular su empatía emocional actuando como si la otra persona les importara de verdad. Si actúas de una manera cuidadosa —mirando a la gente a los ojos y prestando atención a sus expresiones, aunque no quieras hacerlo— puedes empezar a experimentar este tipo de empatía.

Una de las teorías neuronales afirma que esta respuesta se origina en la amígdala, cuando el cerebro percibe algún peligro, y en el córtex prefrontal mediante la liberación de oxitocina, una sustancia química relacionada con los comportamientos sociales. Esto significa que la preocupación empática es un arma de doble filo. De forma intuitiva experimentamos la angustia del otro como si fuera nuestra, pero, cuando decidimos si vamos a satisfacer sus necesidades, sopesamos voluntariamente cuánto valoramos su bienestar.

Lograr que esa mezcla entre intuición y reflexión sea la correcta tiene grandes consecuencias. Aquellos que se dejan llevar por la intuición y los sentimientos sin reflexionar sobre ellos pueden sufrir más de lo necesario. En las profesiones que brindan atención a los demás, este factor puede llegar a desencadenar una «fatiga por compasión»; en los ejecutivos, puede provocar ansiedad por intentar controlar a personas o circunstancias que se encuentran más allá de su control. Pero, por otro lado, aquellos que se protegen escondiendo sus sentimientos pueden llegar a perder todo contacto con la empatía. La preocupación empática exige que gestionemos nuestra aflicción sin que nos quedemos atrapados en el dolor de los demás (ver el recuadro «Cuando la empatía debe controlarse»).

Asimismo, algunos estudios de laboratorio sugieren que la aplicación correcta de la preocupación empática es determinante para realizar juicios morales. Los escáneres cerebrales han revelado que,

CUANDO LA EMPATÍA DEBE CONTROLARSE

Controlar nuestro impulso para empatizar con los sentimientos de otras personas puede hacernos tomar mejores decisiones cuando el flujo emocional de alguien es capaz de abrumarnos.

En general, cuando vemos que a alguien lo están pinchando con una aguja, nuestro cerebro emite una señal que indica que nuestros propios centros del dolor están recordando esa angustia. Pero los médicos aprenden en sus etapas formativas a bloquear esta respuesta automática. Al parecer, su "anestesia de la atención" procede de la unión temporoparietal y de la corteza prefrontal: unas estructuras que estimulan la concentración y dejan de lado las emociones. Precisamente, es el mismo mecanismo que se activa cuando te distancias de los demás para mantener la calma y poder ayudarlos. Esa misma red neuronal adquiere protagonismo cuando observamos un problema en

(continúa)

CUANDO LA EMPATÍA DEBE CONTROLARSE

un ambiente emocionalmente alterado y necesitamos enfocarnos para encontrar una solución. Si hablas con alguien que está molesto por algo, ese sistema te ayuda a entender intelectualmente su punto de vista cambiando tu empatía emocional por la cognitiva.

cuando los participantes de esos estudios escuchaban relatos de gente sometida a algún tipo de dolor físico, los centros encargados de experimentar el dolor de su propio cerebro se encendían. Sin embargo, no ocurría lo mismo cuando se trataba de un dolor psicológico. En este caso, los centros neurálgicos relacionados con la preocupación empática y la compasión tardaban mucho más en activarse. Se necesita más tiempo para entender las dimensiones psicológicas o morales de una situación. Además, cuantas más distracciones nos afecten, menos capacidad tendremos para cultivar las sutiles formas de la empatía y la compasión.

Construir relaciones

La gente que no tiene sensibilidad social es fácil de detectar; al menos, para las otras personas. Es gente incapaz de entender a los demás. Por ejemplo, el típico director financiero que maltrata, margina o trata injustamente a los empleados —que además, al ser incapaz de admitir errores, se enfada y culpa a los demás— no pretende ser un cretino; simplemente es incapaz de reconocer sus defectos.

Al parecer, la sensibilidad social está estrechamente relacionada con la empatía cognitiva. Los ejecutivos con empatía cognitiva consiguen un mejor rendimiento cuando trabajan en el extranjero, porque son capaces de percibir las normas implícitas de cada situación y aprender los modelos mentales de una nueva cultura. Entender un contexto social nos permite aplicar nuestras habilidades sea donde sea. De forma instintiva somos capaces de respetar las normas universales del protocolo y comportarnos de manera que los demás se sientan cómodos —en otra época, esta habilidad era descrita como «tener buenos modales»—.

Los circuitos que trabajan en el hipocampo son los encargados de descifrar los contextos sociales y nos guían intuitivamente para que nuestra conducta sea la apropiada cuando estamos con nuestros amigos, con nuestros compañeros de trabajo o con la familia. En realidad, el córtex frontal es el encargado de aplacar los impulsos que podrían llevarnos a cometer algo inapropiado. Por ello, las pruebas cerebrales que miden la sensibilidad en un contexto también nos permiten evaluar las funciones del hipocampo. Richard Davidson, neurólogo de la Universidad de Wisconsin, opina que las personas más preparadas para entender los contextos sociales muestran más actividad y conexiones entre el hipocampo y el córtex prefrontal que aquellas que no logran entenderlos o descifrarlos.

Además, esos mismos circuitos son los que probablemente juegan un papel esencial para comprender las redes sociales de un grupo —una habilidad que nos permitirá movernos de forma efectiva en un grupo—. Las personas más dotadas para la influencia organizacional no solo son capaces de percibir el flujo de las conexiones personales, sino que también detectan a aquellas personas cuyas opiniones tienen mayor influencia, para enfocarse en ellas y multiplicar el alcance de sus ideas.

Sorprendentemente, las investigaciones sugieren que a medida que las personas ascienden en la jerarquía organizacional y logran más poder, su capacidad para percibir y mantener conexiones personales acostumbra a sufrir una especie de desgaste psíquico. Un estudio de Dacher Keltner, psicólogo de la Universidad de Berkeley, reveló que las personas que ocupan una posición laboral más elevada prestan menos atención a las personas de menor jerarquía y tienden a interrumpir o monopolizar la conversación.

De hecho, prestar atención a las relaciones de poder en una organización nos indica claramente la jerarquía de esta: cuanto más tiempo tarda «A» en responder a «B», más poder relativo tiene «A» sobre «B». En realidad, si analizas los tiempos de respuesta de una organización, obtendrás un esquema extraordinariamente preciso de la jerarquía que rige en ella. El jefe deja los correos electrónicos sin respuesta durante horas; en cambio, los subalternos responden en cuestión de minutos. Es algo tan predecible que la Universidad de Columbia ha desarrollado un algoritmo llamado «detección de la jerarquía social automatizada». Además, supuestamente, las agencias de inteligencia están aplicando este mismo algoritmo en las redes de las presuntas bandas terroristas para descifrar las cadenas de influencia e identificar a los personajes clave.

Pero lo verdaderamente importante es que la posición jerárquica que nos adjudicamos determina la atención que prestamos en nuestras relaciones. Este hecho debería servir de advertencia para muchos ejecutivos que deben responder rápidamente a situaciones competitivas mediante la gestión del amplio abanico de ideas y talento que brota de su organización. Porque, si no prestan la atención adecuada, su inclinación natural puede llevarlos a ignorar las ideas talentosas de los subalternos de menor rango.

Enfocarse en el mundo

Los líderes con un fuerte enfoque externo no solo son buenos oyentes, también son buenos interrogadores. Son visionarios que pueden prever las consecuencias futuras de las decisiones que se toman y pueden imaginar cómo se desarrollarán en el futuro. Son capaces de obtener información sumamente útil de datos que aparentemente no guardan ninguna relación con sus objetivos principales. Melinda y Bill Gates expusieron un ejemplo realmente convincente cuando Melinda comentó en una entrevista de televisión que su marido era el tipo de persona que se leería sin problema un libro entero sobre fertilizantes. Entonces, Charlie Rose le preguntó: «¿Por qué fertilizantes?». La conexión era obvia para Bill, que está constantemente buscando avances tecnológicos que salven vidas a gran escala, y respondió: «Muchos millones de personas habrían muerto si no se utilizaran los fertilizantes».

Enfocarse en una estrategia

El temario de cualquier escuela de negocios que trate el tema de la estrategia incluirá dos elementos básicos: la explotación de tus ventajas actuales y la exploración de nuevas ventajas. Los resultados de los escáneres cerebrales que se realizaron a 63 participantes experimentados en la toma de decisiones que utilizaban, o alternaban, estrategias de explotación o exploración revelaron los circuitos cerebrales que participan en ambos procesos. Como no podía ser de otro modo, las estrategias de explotación requieren de concentración para el trabajo inmediato; en cambio, las estrategias de exploración exigen mantener una conciencia abierta para reconocer las nuevas posibilidades. Por ello, la explotación de tus recursos va acompañada de actividad en los circuitos del cerebro relacionados con la anticipación y la recompensa. En otras palabras, favorece la ejecución de tareas rutinarias. Pero no es así para la exploración de nuevas oportunidades. Para ello es necesario hacer un deliberado esfuerzo cognitivo, para que nuestra mente renuncie a los circuitos rutinarios y pueda vagar libremente en busca de nuevos caminos.

¿Qué nos impide realizar ese esfuerzo? La privación del sueño, el alcohol, el estrés o la saturación mental interfieren directamente con los circuitos ejecutivos encargados de realizar ese cambio cognitivo. Para enfocarnos hacia el exterior y ser innovadores, necesitamos un tiempo ininterrumpido para reflexionar y refrescar nuestro enfoque.

Las fuentes de la innovación

En una época en la que casi todo el mundo tiene acceso a la misma información, los nuevos valores surgen de organizar ideas de forma novedosa y de hacer preguntas inteligentes que desplieguen un potencial sin explotar. Durante los instantes previos a las revelaciones o las inspiraciones creativas, nuestro cerebro muestra un aumento en un tercio de segundo de las ondas gamma, lo que indica que las células cerebrales se encuentran sincronizadas. Cuantas más neuronas estén en sincronía, mayor será ese aumento. Esa sincronización sugiere que en tu cerebro se está formando una nueva red neuronal, probablemente gracias a la creación de nuevas asociaciones.

Pero sería exagerado afirmar que las ondas gamma son el secreto de la creatividad. Un modelo clásico de la creatividad expone cómo los distintos modos de atención desempeñan un papel determinante para alcanzarla. En primer lugar, debemos preparar nuestra mente reuniendo una amplia, variada y pertinente cantidad de información. Luego, podemos alternar entre concentrarnos intencionadamente en un problema o dejar que nuestra mente se disperse libremente. Estas actividades se traducen aproximadamente en una vigilancia que nos permite estar atentos a todo lo que sea relevante para el problema cuando nos sumergirnos en todo tipo de información, en una atención selectiva hacia el desafío creativo específico y en una conciencia abierta que permite a nuestras mentes asociar libremente y que la solución surja espontáneamente. (Por este motivo, las buenas ideas siempre se nos ocurren en la ducha, en el parque o cuando salimos a correr).

El discutible talento de reconocer sistemas

Si a un grupo de personas les dejas echar un vistazo a una fotografía con muchos puntos y les preguntas cuántos puntos tiene, los integrantes del grupo que realicen las mejores estimaciones suelen ser los pensadores de sistemas más potentes. Esta curiosa habilidad se manifiesta en aquellas personas que son buenas diseñando software, líneas de ensamblaje, organizaciones matriz o soluciones para salvar sistemas fallidos —en realidad, es un talento muy poderoso—. Al fin y al cabo, estamos rodeados de sistemas extremadamente complejos. Pero Simon Baron-Cohen, psicólogo de la Universidad de Cambridge, sugiere que para un pequeño, pero importante, número de personas, la capacidad de entender los sistemas va unida a un déficit de empatía; es decir, un punto débil para reconocer lo que las otras personas piensan o sienten, y para entender los contextos sociales. Por esta razón, aunque las personas con un conocimiento más desarrollado en los sistemas son activos imprescindibles en una organización, no son necesariamente líderes efectivos.

En relación con este aspecto, un ejecutivo de un banco me explicó que había creado un régimen de ascensos específico para que los analistas de sistemas pudieran progresar profesionalmente, en el que solamente se evalúan sus capacidades en el análisis de sistemas. De este modo, el banco podía trabajar oportunamente con ellos, mientras recluta a líderes de otro colectivo, uno en el que hubiera personas con inteligencia emocional.

Juntar todas las piezas

Para aquellos que no quieren acabar compartimentados como en el ejemplo anterior, el mensaje queda claro. Un líder enfocado no es una persona obsesionada con las tres grandes prioridades del año. Tampoco lo es una que es brillante en el análisis de sistemas o una que está en perfecta sintonía con la cultura de la empresa. En realidad, los líderes enfocados pueden gestionar todos los registros que requieran de su atención: están en contacto con sus sentimientos, controlan sus impulsos, son conscientes de la imagen que proyectan, entienden lo que los demás necesitan de ellos y pueden deshacerse de las distracciones o dejar que su mente vague libremente y sin prejuicios.

Sin duda, es un auténtico reto. Porque, si el auténtico liderazgo fuera una cuestión de seguir al pie de la letra unas instrucciones, los grandes líderes serían mucho más comunes. Prácticamente, cualquier modo de atención puede mejorarse. Lo que se necesita no es tanto el talento como la perseverancia: la voluntad de ejercitar los circuitos de atención del cerebro de la misma manera que ejercitamos nuestras habilidades analíticas u otros sistemas del cuerpo.

A menudo, la conexión entre la atención y la excelencia permanece oculta gran parte del tiempo.

Pero, aun así, la atención es la base de la mayoría de las habilidades esenciales del liderazgo —emocionales, organizativas o de inteligencia estratégica—. Además, nunca ha estado tan amenazada como en la actualidad. La constante avalancha de información propicia tomar atajos imprecisos —atender nuestro correo electrónico leyendo solo el asunto, omitir muchos de nuestros mensajes de voz, ojear memorandos e informes, etc.—. No solo mengua la efectividad en nuestros hábitos de atención, sino que la ingente cantidad de mensajes nos deja muy poco tiempo para reflexionar sobre lo que significan realmente. Herbert Simon, Premio Nobel en Economía, ya lo predijo. En 1971 escribió: «La información consume la atención de sus destinatarios».

Mi objetivo aquí es situar la atención en el centro del escenario para que puedas dirigirla adonde la necesites y cuando lo necesites. Aprende a dirigir tu atención, y controlaras dónde tú y tu compañía estáis enfocados.

DANIEL GOLEMAN es codirector del Consorcio para la Investigación de la Inteligencia Emocional en las Organizaciones de la Universidad de Rutgers, y coautor de *Primal leadership: unleashing the power of emotional intelligence* (Harvard Business Review Press, 2013). Su último libro es *Altered traits: science reveals how meditation changes your mind, brain, and body.*

Reeditado de *Harvard Business Review,*
diciembre 2013 (producto #R1312B).

2

Vence el estrés y las distracciones con tu inteligencia emocional

Kandi Wiens

a capacidad de enfocarnos nos ayuda a triunfar.[1] Por eso, tanto si nos enfocamos en nuestro interior y conectamos con nuestras intuiciones y valores como si nos enfocamos hacia el exterior y exploramos el mundo que nos rodea, perfeccionar nuestra atención es un acto determinante.

Sin embargo, muy a menudo perdemos nuestro enfoque y nuestra atención. Por ello, nos sentimos agotados, descuidados y perdemos la capacidad para concentrarnos. Las afirmaciones que siguen a continuación son las que más frecuentemente escucho en mi trabajo cuando un ejecutivo confiesa estar desconcentrado —es probable que yo misma haya pronunciado algunas de ellas—:

- «Este tema me supera totalmente».

- «Tengo una enorme carga de trabajo. Cuando surgen reuniones o problemas urgentes, nunca tengo tiempo para acabar los proyectos».

- «Me encuentro mentalmente agotado por la presión y las continuas distracciones de mi oficina. Soy incapaz de enfocarme».

Sin lugar a duda, la falta de tiempo y las constantes distracciones son dos razones de peso que interrumpen nuestro enfoque, pero no son las únicas. El estrés también tiene un papel protagonista.[2]

El estrés crónico inunda nuestro sistema nervioso con cortisol y adrenalina, los cuales son los responsables de que ciertas funciones cognitivas queden cortocircuitadas.[3] Los investigadores han estudiado los efectos negativos del estrés en el enfoque, la memoria y otras funciones cognitivas durante décadas. Los hallazgos son consistentes: a corto plazo, el estrés eleva los niveles de cortisol, la llamada «hormona del estrés», durante breves periodos de tiempo y activa la liberación de adrenalina para que rindamos de forma más eficiente en respuesta a los plazos de entrega.[4] No obstante, a largo plazo, el estrés puede provocar aumentos prolongados de cortisol en nuestro organismo, que son perjudiciales para nuestro cerebro. Además, los investigadores también sospechan que mantener elevados los niveles de cortisol durante un periodo largo de tiempo puede contribuir a desarrollar enfermedades como el Alzheimer u otros tipos de demencia.[5]

Cuando no podemos enfocarnos en el trabajo a causa de las distracciones, es posible que experimentemos cierto estrés porque somos incapaces de ser productivos. Lejos de ser positivo, este estrés incrementa nuestra incapacidad para concentrarnos, por lo que entramos en un círculo vicioso. Por desgracia, la mayoría de nosotros no nos percatamos de que nuestro enfoque disminuye hasta que estamos completamente desbordados. Cuando el agotamiento mental y emocional hacen mella en nosotros, se debilita aún más nuestra capacidad para enfocarnos, concentrarnos y retener información.

Afortunadamente, hay cosas que podemos hacer para romper ese círculo vicioso. En mi investigación, he descubierto que una de las razones por las cuales ciertas personas se colapsan y otras no es porque estas últimas usan la inteligencia emocional (IE) para gestionar su estrés.[6] No hay ningún obstáculo que te impida usar esas competencias —en particular, la autoconciencia y el autocontrol— para mejorar tu enfoque. Así es cómo se hace.

Empieza por aprovechar tu autoconciencia para analizar ciertos aspectos personales.

- *Por qué te sientes ansioso y estresado.* Antes de tratar con el estrés, debes conocer las causas de su existencia. Tan simple como suena. Puede ser beneficioso que elabores una lista con las fuentes que originan tu estrés. Escribe cada aspecto de tu trabajo o de tu vida que te provoque ansiedad. Puedes ordenarlos según sean elementos que puedes cambiar o que no está en tu mano modificarlos. Para estos últimos, necesitarás encontrar una nueva actitud con la que enfrentarte a ellos.[7]

- *Cómo pierdes tu habilidad para enfocarte.* Según el psicólogo clínico Michael Lipson, si entiendes exactamente cómo se dispersa tu concentración, puedes aprender a mejorar tu enfoque.[8] Al prestar atención a los patrones que perjudican tu enfoque, paulatinamente, puedes desarrollar la capacidad de descartar las distracciones y mantener tu punto de atención original.

- *Cómo te sientes cuando no puedes enfocarte.* ¿Experimentas ansiedad si no recuerdas la información oportuna cuando la necesitas? ¿En una entrevista de trabajo? ¿En una presentación comprometida? ¿O en una reunión con un cliente importante? ¿Estás tenso y confuso cuando te estrujas el cerebro buscando las palabras adecuadas para un correo electrónico importante? Estos síntomas pueden ser una señal de que estás más estresado de lo que en realidad crees.

- *Cuándo pierdes la habilidad para enfocarte.* Por ejemplo, si estás dándole vueltas a un asunto mientras conduces por la autopista y con niños en el coche, debes ser consciente de que estás poniendo en riesgo a todos los pasajeros. Espero que esta reflexión te sea útil para centrar tu atención en aquello que estás haciendo y para que tomes la decisión de preocuparte de tus cosas cuando sea el momento adecuado.

Una vez que seas consciente de las situaciones que te generan estrés y de cómo pierdes la concentración, puedes utilizar las siguientes estrategias —que dependen de tu capacidad de autocontrol— para tomar las decisiones correctas y mantenerte enfocado.

- *Inicia una desintoxicación digital.*[9] En la encuesta de 2017 de «El estrés en los Estados Unidos», la Asociación Americana de Psicología (APA) descubrió que los *constant chekers* —es decir, las personas que revisan constantemente el correo electrónico, los mensajes y las redes sociales— experimentan más estrés que aquellos que no lo hacen.[10] Más del 42 % de los encuestados que consultaban constantemente el teléfono móvil atribuían su estrés a los debates políticos y culturales en las redes sociales, en comparación con el 33 % de las personas que no revisan constantemente las redes sociales. Aunque parezca imposible tomarse unas vacaciones de la tecnología, la APA asegura que bloquear o limitar periódicamente tu acceso al mundo digital puede ser muy beneficioso para tu salud mental.

- *Dale un descanso a tu cerebro.* La mayoría de nosotros sabemos lo que significa pasar una noche de insomnio porque estamos examinando eventos del pasado y miedos o ansiedades sobre el futuro. Cuando encadenas dos o tres noches de este tipo, la privación de sueño puede provocarte dificultades en tu concentración y a la hora de recibir o recordar información.[11] Además, nuestro juicio y la interpretación de los sucesos también pueden verse afectados.[12] La falta de sueño puede influir negativamente en nuestras decisiones porque deteriora la capacidad para evaluar con precisión una situación, y las habilidades de planificar y actuar correctamente. Dormir cada noche las siete u ocho horas recomendadas parece imposible cuando uno está estresado y saturado de trabajo, pero el beneficio merece la pena.[13]

- *Practica mindfulness.* Las investigaciones sobre el mindfulness son claras y convincentes. Practicarlo disminuye nuestra tendencia a sacar conclusiones precipitadas y a tener reacciones instintivas que podamos lamentar más adelante —incrementando de este modo nuestro estrés—.[14] El neurocientífico Richard Davidson asegura que «el mindfulness estimula la red de atención clásica en el sistema frontoparietal del cerebro que trabaja de forma coordinada para distribuir adecuadamente la atención».[15] En otras palabras, el mindfulness es indispensable para la salud de nuestra resiliencia emocional, que es un factor determinante para recuperarnos del estrés rápidamente. Pero no te preocupes, no es necesario que te conviertas en un perfecto yogui para gozar de los beneficios del mindfulness.[16]

- *Cambia tu enfoque hacia los demás.* Cuando nos fijamos en nuestros propios miedos y preocupaciones, es posible que no prestemos atención a aquellos que más nos importan. Muchos estudios —incluido el mío— muestran que cambiar nuestro enfoque hacia los demás produce efectos psicológicos relajantes que fortalecen nuestra resiliencia.[17] Si prestas más atención a los sentimientos y necesidades de los demás, y te preocupas por ellos, no solo evitarás enfocarte en tu estrés, sino que, además, obtendrás los beneficios de ser consciente de que estás haciendo algo significativo para alguien a quien quieres.[18]

Demasiada gente está convencida de que debe trabajar muy duro cuando se esfuerzan por enfocarse. Pero esta estrategia es contraproducente.[19] En vez de eso, céntrate en identificar las causas de tu estrés y tu incapacidad para concentrarte, toma las medidas oportunas para mejorar las funciones cerebrales específicas que impulsan la concentración y la conciencia.

KANDI WIENS es docente de la Escuela de Educación de Postgrado de la Universidad de Pennsylvania en el doctorado ejecutivo de PennCLO y en el máster en Educación Médica de Penn. También es *coach* ejecutiva, conferenciante nacional y consultora en cambio organizacional.

Notas

1. Daniel Goleman, *Focus: The Hidden Driver of Excellence* (New York: Harper, 2013).
2. William Treseder, «The Two Things Killing Your Ability to Focus» hbr.org, 3 de agosto de 2016: cort.as/-JyQ4.

3. Madhumita Murgia, «How Stress Affects Your Brain». TED-Ed video: cort.as/-JyQ8.

4. Francesca Gino, «Are You Too Stressed to Be Productive? Or Not Stressed Enough?» hbr.org, 14 de abril de 2016: cort.as/-JyQU.

5. Elaine Karen Hebda-Bauer y Huda Akil, «How Overexpression of a Stress Gene Modifi es Alzheimer's Disease Pathology», beca de la Alzheimer's Association, 2007-2010: cort.as/-JyQc.

6. Kandi Weins, «Leading Through Burnout: The Influence of Emotional Intelligence on the Ability of Executive Level Physician Leaders to Cope with Occupational Stress and Burnout», conferencia de la Universidad de Pennsylvania, 2016: cort.as/-JyQu.

7. David Brendel, «Stress Isn't a Threat, It's a Signal to Change» hbr.org, 5 de mayo de 2014: cort.as/-JyR-.

8. Michael Lipson, «To Improve Your Focus, Notice How You Lose It» hbr.org, 4 de noviembre de 2015: cort.as/-JyR3.

9. Charlotte Lieberman, «Device-Free Time Is as Important as Work-Life Balance» hbr.org, 13 de abril de 2017: cort.as/-JyRK.

10. American Psychological Association, «APA's Survey Finds Constantly Checking Electronic Devices Linked to Significant Stress for Most Americans», comunicado de prensa del 23 de febrero de 2017: cort.as/-JyRV.

11. Nick van Dam y Els van der Helm, «There's a Proven Link Between Effective Leadership and Getting Enough Sleep», hbr.org, 16 de febrero de 2016: cort.as/hcXn.

12. Cristiano Guarana y Christopher M. Barnes, «Research: Sleep Deprivation Can Make It Harder to Stay Calm at Work», hbr.org, 21 de agosto de 2017: cort.as/-JyS_.

13. Larry Rosen, «Relax, Turn Off Your Phone, and Go to Sleep», hbr.org, 31 de agosto de 2015: cort.as/-JyS3.

14. Rasmus Hougaard, Jacqueline Carter y Gitte Dybkjaer, «Spending 10 Minutes a Day on Mindfulness Subtly Changes the Way You React to Everything», hbr.org, 18 de enero de 2017, cort.as/-JyS6.

15. Richard J. Davidson y Jon Kabat-Zinn, «Alterations inBrain and Immune Function Produced by Mindfulness Meditation: Three Caveats: Response», *Psychosomatic Medicine 66*, no. 1 (enero-febrero de 2004): pp. 149–152.

16. Positive Psychology Program, «22 Mindfulness Exercises, Techniques, and Activities for Adults», 18 de enero de 2017: cort.as/-JySC.

17. Annie McKee y Kandi Wiens, «Prevent Burnout by Making Compassion a Habit», hbr.org, 11 de mayo de 2017: cort.as/-JySF.

18. Cassie Mogilner, «You'll Feel Less Rushed If You Give Time Away», hbr.org, septiembre de 2012, cort.as/-JySa.

19. Sarah Green Carmichael, «The Research Is Clear: Long Hours Backfire for People and for Companies», hbr.org, 19 de agosto de 2015: cort.as/-JySi.

Adaptado de hbr.org, publicado originalmente
el 12 de diciembre de 2017 (producto # H04351).

3

Para mejorar tu enfoque, descubre cómo lo pierdes

Michael Lipson

A todos nos ha ocurrido alguna vez: intentas concentrarte en una tarea y, de pronto, te encuentras mirando por la ventana, pensando en la cena, analizando tu partida de golf o fantaseando con alguien que te gusta. ¿Cómo es posible que tu mente sueñe con Cancún cuando deberías estar pensando en el plan estratégico del primer trimestre?

El simple acto de concentrarse o prestar atención es un caos, pero es un caos con una estructura específica. Para aprender a mejorar el enfoque, se puede empezar por comprender la «estructura de la distracción»; es decir, entender cómo pierdes la concentración en un primer momento.

A lo largo de estos últimos veinte años trabajando de psicólogo, he dirigido talleres y grupos de meditación que han enseñado a todo tipo de personas a entender las estructuras de sus propias distracciones. En mis colaboraciones con los profesionales de cuidados paliativos, enseñarles cómo funcionan esas estructuras les ha permitido distinguir entre las necesidades de los pacientes terminales y sus propias respuestas emocionales. Esa misma capacidad ha ayudado a que muchas familias renunciaran al resentimiento y apostaran por la reconciliación. Además, también ha ayudado a muchos líderes a descubrir sus objetivos estratégicos y a reunir el coraje necesario para iniciar o terminar relaciones internas o externas. A veces, incluso ha ayudado a jugadores de golf que necesitaban enfocar su mente en su swing y la mirada en la pelota.

Lo que sigue a continuación es mi reformulación del conocimiento que ha existido desde que la gente se percató de que era capaz de pensar —y, por ende, de que podía distraerse de su enfoque intencional—.

Porque, como señala la académica Cathy Davidson, las distracciones no aparecieron con la invención del teléfono móvil.[1] En la mitología griega, Hércules distrae a Atlas y lo engaña para que pierda su concentración y su libertad. En la *Odisea* de Homero, Circe logra distraer a Ulises de su viaje —probablemente no sea ni la primera ni la última vez que se usa el sexo como distracción—. Platón, en su último diálogo socrático, explica que el estado natural de la mente se encuentra fragmentado, y que el propósito de la filosofía consiste en agruparla y concentrarla para que se oponga a estas fuerzas centrífugas. Por otro lado, Shakespeare hace referencia a la fragmentación de la mente; por ejemplo, en el monólogo de Claudio, en *Hamlet*.

Al igual que Platón, muchos escritores no solo se lamentan de las distracciones, sino que señalan implícita o explícitamente distintas formas de abordar sus desventajas. En la tradición meditativa, todos, desde Buda Gautama hasta el experto en mindfulness Andy Puddicombe de Headspace, aseguran que, en primer lugar, la mejor manera de lidiar con las distracciones es aceptarlas, lo que significa ser consciente de ellas.[2] Una vez que las detectas, puedes volver a tu mente.

El criterio que utilizo resume y condensa la sabiduría de estas tradiciones dispares. Antes de todo, debes ser consciente de que existen cuatro fases de atención y distracción que entran en juego cada vez que intentas enfocarte:

1. *En primer lugar, elige adónde enfocarte.* Puede ser lo que tú quieras, cualquier aspecto de tu vida. Si estás en el trabajo, debería ser un tema relacionado con él —como organizar una reunión importante—.

2. *Tarde o temprano, tu atención empezará a deambular.* No es lo que en realidad tenías planeado; pero, simplemente, es así —si fuera un plan, sería otra forma de estar enfocado—.

3. *En algún momento, te das cuenta de que tu mente está divagando.* Adviertes que estás

distraído y te percatas de lo lejos que te encuentras de tu enfoque original. De nuevo, esto no forma parte de ningún plan.

4. *Una vez que eres consciente de ello, puedes elegir regresar a tu propósito inicial.* Por ejemplo, puedes pensar a quién podrías invitar a esa reunión, pero también puedes darte por vencido y empezar otra tarea. Solo depende de ti. Es tu elección.

En el caso de que en esta cuarta fase elijas regresar a tu punto de atención inicial, la secuencia vuelve a empezar. Recuerda, tarde o temprano, tu mente se distrae.

Si analizas detalladamente estos cuatro pasos, comprobarás que los pasos 1 y 4 son elecciones conscientes. En cambio, los pasos 2 y 3 son actos inconscientes. Aparentemente, la fuerza inconsciente que afecta al segundo paso —es decir, cuando tu mente empieza a divagar— es hostil para tu proyecto de enfocarte; la fuerza que opera en el tercer paso, cuando te percatas de que estás distraído, no es exactamente beneficiosa para tu enfoque, pero que lo es para tu libertad de elección. Te permite ser consciente de que tu mente se encuentra perdida en otra cosa, y deja a tu juicio la voluntad de retomar el proyecto inicial de tu enfoque.

Basta con observar estas etapas a medida que se repiten una y otra vez a lo largo del tiempo para darse cuenta de que el patrón cambia. En un primer momento, adviertes que estas cuatro etapas ocurren. Pero, cuando seas consciente de la repetición de este proceso, lograrás permanecer más tiempo en el enfoque original antes de caer en alguna distracción. Tu mente no se irá tan lejos, y, si lo hace, lo hará durante un periodo más corto de tiempo. Además, cuando te percates de que estás distraído elijarás más a menudo volver a tu propósito inicial, en vez de estirar las piernas con un paseo.

Así es como se empieza. Elige un tema, cualquier tema: algo en lo que quieras enfocarte que sea adecuado para tu objetivo. Puede ser un propósito personal o una decisión estratégica para la gestión de la empresa. Ese es el primer paso: tu enfoque. Piensa en ello de forma clara y creativa, lo máximo que te sea posible. Pronto, algo te distraerá. Pero el mero hecho de advertir la distracción, y de cómo funciona la *estructura* de la distracción, fortalecerá gradualmente tu capacidad de mantenerte enfocado, y podrás evitar las siguientes distracciones desde el principio.

MICHAEL LIPSON es psicólogo clínico y exprofesor clínico asociado de la Facultad de Medicina de la Universidad de Columbia. Es el autor de *Stairway of Surprise: Six Steps to a Creative Life*.

Notas

1. Cathy N. Davidson, «The History of Distraction, 4000 BCE to the Present», blog post, 13 de noviembre de 2011: cort.as/-JyVD.
2. Andy Puddicombe, «Headspace», 2018: cort.as/-JyVL.

Adaptado de hbr.org, publicado originalmente
el 4 de noviembre de 2015 (producto # H02GHT).

4

Qué hacer cuando te distraes en el trabajo

Amy Gallo

En ocasiones, cuando se acumulan demasiadas tareas en tu vida, resulta imposible concentrarse. ¿Qué puedes hacer si te distraes cada vez que te sientas delante de tu escritorio? ¿Cómo puedes enfocarte y ser productivo?

Qué dicen los expertos

Según Susan David, fundadora del Harvard/McLean Institute of Coaching y autora del libro *Emotional Agility*,[1] estar distraído y ser improductivo son dos problemas comunes en la vida de muchas personas. Esto es especialmente cierto porque estamos constantemente expuestos a nuevas alertas, mensajes de texto u otras interrupciones. Es más, incluso los días en los que te encuentras más productivo, tienes que hacer frente a las vicisitudes de tus compañeros de trabajo. Como asegura David: «De una forma u otra, siempre nos damos cuenta sutilmente de los comportamientos y los estados emocionales de los demás;[2] y, cuando eso ocurre, podemos empezar a perder el rumbo». Rich Fernández, CEO de Search Inside Yourself Leadership Institute —una organización sin ánimo de lucro dedicada a la enseñanza del mindfulness y de la inteligencia emocional—, explica que estamos programados de este modo: «Un factor que comparte todo el mundo es el hecho de que nuestra neuroanatomía está orientada hacia el estrés, que muchas veces es improductivo». Para evitarlo y recuperar tu enfoque, sigue los ochos pasos que se explican a continuación.

Comprende los peligros de la multitarea

Empieza por darte cuenta del impacto que las distracciones —como un teléfono que suena constantemente o conectarte a Twitter— tienen en tu cerebro. Fernández explica que tenemos varias estructuras cerebrales relacionadas con el enfoque.[3] En primer lugar, se encuentra la *red neuronal por defecto*, encargada de analizar el pasado, de pronosticar o planificar el futuro y de reflexionar sobre uno mismo y los demás. «En general, utilizamos esta red la mitad de todo nuestro tiempo», asegura. Pero, cuando necesitas enfocar tu mente, entra en escena la *red neuronal de atención directa*, que te permite dejar de lado las reflexiones y enfocarte en la tarea. Pero las distracciones, sean del tipo que sean, son las responsables de que regreses al modo por defecto, y el coste de volver a enfocarte, por lo general, es elevado.[4] «Algunos investigadores han comprobado que regresar al mismo estado de enfoque puede reclamar más de dieciocho minutos de tu tiempo», explica Fernández.[5] Por ello es necesario reducir las interrupciones.

No limites tus respuestas emocionales, pero no pierdas nunca el control

Sentirse desbordado puede desencadenar un sinfín de emociones —frustración, ira, ansiedad, etc.—

que afectan directamente tu productividad. Por eso, para recuperar el sentido de la responsabilidad y evitar quedarse «a merced de los acontecimientos que ocurren en el mundo o en tu oficina», David sugiere que clasifiques y analices los sentimientos que experimentas.[6] Puedes preguntarte: «Está bien, estoy enfadado, pero ¿quién es el responsable? ¿La ira o yo, que soy la persona que experimenta la emoción?». Asimismo, Fernández comparte este mismo punto de vista: «Debes reconocer que esos sentimientos están ahí —que son legítimos y significativos—, pero no debes dejarte arrastrar por ellos».

Reúne tu atención

Según Fernández, cuando estás distraído, debes «hacer una pausa, analizar la situación y ser consciente de que algo te está perturbando. Luego cambia el foco de atención». Sin duda, es más fácil decirlo que hacerlo, pero recuerda que la mayoría de nuestras preocupaciones no suponen una «amenaza existencial inmediata». Para reconectar con la parte lógica de tu cerebro, enfócate en algo «más inmediato y visceral, como tu respiración». Podrías decirte a ti mismo, «me he distraído con esta historia de Twitter. Voy a centrarme en mi respiración para alejarme de lo que me causa ansiedad».[7] Fernández asegura que esta estrategia no es lo mismo que tratar de ignorar las distracciones: «No tienes que reprimirlas o eliminarlas. Toma nota de ellas, reconócelas y ponlas a un lado para atenderlas más adelante, cuando puedas tratarlas con otra persona o cuando ya no te encuentres ocupado en el trabajo.

Confía en tus valores

Una vez tengas tu atención bajo control, puedes elegir adónde enfocarla. David señala que concentrarte en tus propios valores te proporciona una sensación de control. «Cuando una situación te sobrepasa, es posible que sientas que no tienes ningún poder sobre los acontecimientos que te afectan, pero siempre tienes la oportunidad y la posibilidad de elegir quién quieres ser. Si uno de tus valores principales es ser colaborativo, enfócate en eso. ¿Qué puedes hacer para que la gente se sienta parte del equipo?». Analiza qué efectos tiene la falta de atención en tus valores. «Si la justicia es algo importante para ti, ¿cómo afectan las distracciones a tu capacidad de ser justo? ¿Es justo para tu equipo o tu familia que inviertas tres horas diarias en Facebook?».

Establece unos límites

Si ya has logrado ser consciente de qué distracciones te afectan, establece unas normas de conducta adecuadas. Si te has dado cuenta de que, cuando consultas las noticias por la mañana, estás irritado y desconcentrado al llegar a la oficina, asegúrate de no echar ningún vistazo a los medios informativos hasta la hora de comer.[8] O puedes obligarte a realizar cierta cantidad de trabajo antes de conectarte a Facebook.

Si no tienes suficiente autocontrol para respetar estas normas, existen aplicaciones que puedes instalar en el navegador o en el teléfono móvil para controlar cuánto tiempo inviertes en cada página web o aplicación. Obviamente, también deberás poner algo de tu parte. Fernández asegura que:[9] «Existen muchos estudios que demuestran que la diferencia entre un enfoque óptimo y uno que no lo es consiste en la práctica del enfoque deliberado», y pone como ejemplo a los atletas de élite que, cuando entrenan, se retan a sí mismos diciéndose: «No voy a irme de la línea de los tiros libres hasta que enceste diez veces seguidas». Así pues, no dudes en entrenar a tu cerebro para que se enfoque en lo que haces.

Elige sabiamente con quién te relacionas

El contagio social es un hecho probado. Como explica David: «Todos hemos tenido la experiencia de entrar en un ascensor y comprobar que todo el mundo está mirando sus teléfonos móviles. Entonces, tú también miras el tuyo». Un estudio reciente demuestra que, si el pasajero que se encuentra a tu lado en un avión compra caramelos, a pesar de que no tengas ninguna relación con él, tus probabilidades de efectuar una compra similar aumentan un 30 %.[10] Con la productividad ocurre lo mismo.[11] Si estás rodeado de compañeros que están constantemente distraídos o que tienden a interrumpirte, no dudes en limitar el tiempo que pasas en su compañía. No es necesario que seas grosero; siempre puedes responder algo como: «¿Podemos hablar más tarde? Acabo este informe y me tomo un descanso».

Apoya a tus compañeros y te darán su apoyo

En realidad, en vez de intentar evitar a los compañeros que andan distraídos, podrías echarles una mano y ayudarles a enfocarse. Establece un compromiso con tus compañeros de trabajo. Pacta un horario en el que se prohíban las interrupciones o en el que no se puedan consultar las redes sociales. Por ejemplo, el equipo con el que trabajo en HBR designó que las tardes de los jueves estaban dedicadas al trabajo ininterrumpido.[12] Es más, puedes llevar este apoyo profesional un paso más allá y realizarlo de forma activa. Fernández asegura que «tus compañeros comparten los mismos problemas que tú, porque trabajáis juntos en la misma empresa. Por eso, no dudes en ir a tomar un café con tus compañeros y pedirles ayuda, asesoramiento o consejos». Quizá conozcan alguna estrategia útil en la que tú no hayas pensado. Proponte mantener el contacto y repetir esas charlas para revisar los progresos de cada uno. Cuando compartes con otras personas tus intenciones de cambio, es más probable que no desistas en el intento.[13]

Cuida tu salud

Según David, si estás cansado y agotado, eres más propenso a sentirte agobiado. Por eso, es muy importante dormir las horas necesarias y hacer ejercicio.

Además, también puedes realizar «pequeños ajustes en tu entorno» para mejorar tu bienestar.[14] Tómate los descansos necesarios, desayuna alimentos saludables y silencia tu teléfono móvil. «Si normalmente entras en Facebook durante el desayuno, deja tu teléfono en la oficina y sal a dar un paseo».

Principios fundamentales

Correctos:

- Cuando estás distraído, enfócate en la respiración para romper los círculos viciosos de la ansiedad y la frustración.

- Piensa en cómo quieres actuar como compañero y líder, y deja que esa imagen guíe tu comportamiento.

- Establece unos límites para entrar en las redes sociales o para consultar el correo electrónico.

Incorrectos:

- No te engañes pensando que las distracciones no interrumpen tu concentración, porque tienen un alto coste cognitivo.

- No inviertas tu tiempo en compañía de gente que está distraída. Es probable que acabes como ellos.

- No olvides tu bienestar. Descansa, come de forma saludable y duerme las horas adecuadas.

Caso de estudio #1:
Planifica tiempo para enfocarte

El año pasado, Emily Lin, la vicepresidenta de una compañía de servicios financieros, se vio abrumada por su trabajo. Lin estaba trabajando en la creación de su asesoría privada y la ascendieron en su trabajo. Debido a las nuevas responsabilidades de su nuevo cargo, tuvo que enfrentarse a una serie de nuevas distracciones: «Recibía muchos más correos electrónicos, mensajes instantáneos y llamadas telefónicas. Además, la gente pasaba por mi oficina con bastante más frecuencia».

Desgraciadamente, tenía problemas para llevar a cabo su trabajo: «Veía todos esos mensajes o alertas de correo electrónico que aparecían en mi teléfono y, aunque apenas tardaba unos segundos en leerlos o enviar una respuesta rápida, me distraían de lo que estaba haciendo». Todo ello afectaba a su estado de ánimo. «Algunos mensajes me irritaban más de lo normal, y empecé a tratar mal a mis compañeros».

Anteriormente, Lin había aprendido algunas estrategias para limitar su uso de las redes sociales, y había establecido un horario para conectarse. «Organicé espacios de tiempo para poder conectarme a Facebook. Por lo común, eran descansos de diez minutos que situaba entre reuniones o mientras esperaba el ascensor para ir a comer. Una vez delimitados estos descansos, comprobé que era más fácil gestionar el impulso de conectarme a las redes sociales mientras trabajaba».

Para controlar las distracciones usó un método similar: programó periodos de tiempo donde podía leer y responder a los mensajes, pero siempre una vez concluidas las tareas más importantes. «A principios de semana me preguntaba cuáles era los proyectos de mayor prioridad. Luego, a diario me preguntaba qué tarea era indispensable terminar». Lin está convencida de que esta estrategia le ayudó a determinar el tiempo que debía invertir cada día para enfocarse. Cuando ya sabía cuánto tiempo necesitaba para realizar el trabajo, organizaba su trabajo en ciclos de dos horas: «Durante esas dos horas, desconectaba el correo electrónico y los mensajes de texto, y activaba el contestador automático en mi teléfono móvil». Incluso llegó a usar auriculares para que sus compañeros o las visitas se dieran cuenta de que estaba ocupada.

Dos horas es una cantidad de tiempo adecuada, asegura Lin: «Te permite enfocarte plenamente en la tarea que realizas y es un espacio de tiempo razonable para mantenerte aislada. Transcurridas las dos horas, la gente puede llamarte o contactar de nuevo por el correo electrónico». Además, esos ciclos de trabajo le proporcionaban la energía necesaria para completar los trabajos: «Tenía la adrenalina necesaria para realizar todo el trabajo».

Emily asegura que esta estrategia le funcionó: «Tuvo un efecto notable en mi productividad». Además, confesó que su nivel de estrés disminuyó enormemente. «Cuando dejé de revisar constantemente mi correo electrónico, mi presión sanguínea se mantenía estable. Ahora, no pierdo la paciencia cuando me interrumpen».

Por otro lado, también asegura que aprovechar mejor las horas de sueño le ha permitido mejorar su resistencia a las distracciones. Años atrás, apenas dormía unas tres o cuatro horas cada noche, pero en la actualidad ha renovado por completo sus hábitos de sueño y descansa entre seis y siete horas cada noche. «Pasé de estar agobiada en el trabajo y sentirme incapaz de enfocarme a pensar más claramente. Cuando he descansado bien, tengo más perspectiva. Me doy cuenta de que no tengo la obligación de responder los correos electrónicos inmediatamente». Es más, en la actualidad, Lin se ha convertido en una gran defensora de respetar las horas de sueño.

Caso de estudio #2: Establece límites

Sarah Taylor, directora de recursos humanos de una organización humanitaria, estuvo esforzándose por mantenerse enfocada en el trabajo durante varios meses, antes y después de las elecciones presidenciales de 2016 en Estados Unidos. Afirmaba que no podía mantenerse al margen de las noticias que salían: «Malgastaba horas y horas cada día —no solo en los descansos, sino también durante mi horario laboral— consultando compulsivamente las noticias que salían de distintos medios como el *New York Times,* el *Washington Post* o la CNN». A raíz de estas distracciones, a menudo se veía obligada a trabajar hasta el atardecer o durante los fines de semana para mantener su trabajo al día.

«Me sentía desdichada porque no tenía suficiente tiempo para descansar, sin tener en cuenta que estaba expuesta constantemente a las malas noticias de los medios de comunicación». Como era consciente de que consultar la prensa digital no le hacía ningún bien, se propuso fijar unos límites.

Un día se enteró de que existía una aplicación llamada StayFocusd: una extensión del navegador que establecía límites de tiempo para los sitios web seleccionados. Consultó las reseñas y vio que había ayudado a otras personas con su mismo problema. Así pues, decidió probarla: «En aquel momento, estaba desesperada por solucionar ese hábito malsano, algo que claramente superaba mi propia fuerza de voluntad».

Entonces, estableció un límite de 10 minutos diarios para los tres sitios de noticias que consultaba habitualmente. En el momento en que superaba el límite que había programado, en su ordenador aparecía una ventana que advertía: «¿No deberías estar trabajando?».

Sarah admite que esa aplicación le fue, y sigue siéndole, de gran ayuda; pero que, aun así, no es efectiva al cien por cien. «Mi mente, muy astuta, siempre encuentra alguna forma de informarse; por ejemplo, consultando otros medios, como la BBC».

Por ello, Sarah también se ha marcado otros límites. Cuando trabaja desde casa, mantiene todos sus dispositivos personales fuera de la habitación en la que se encuentra. En la actualidad, todavía tiene la costumbre de informarse de los acontecimientos actuales, «pero, por lo menos, ya no arriesgo la productividad de mi trabajo».

AMY GALLO es editora colaboradora de la *Harvard Business Review* y autora de la *Guide to Dealing with Conflict* de la HBR. Escribe y da conferencias sobre las dinámicas en lugar de trabajo. Síguela en Twitter @amyegallo.

Notas

1. Susan David, *Emotional Agility: Get Unstuck, Embrace Change, and Thrive in Work and Life* (New York: Avery, 2016).

2. Shawn Achor y Michelle Gielan, «Make Yourself Immune to Secondhand Stress», hbr.org, 2 de septiembre de 2015: cort.as/-JyW2.
3. Matthew McKinnon, «Neuroscience of Mindfulness: Default Mode Network, Meditation, and Mindfulness», 17 de junio de 2017: cort.as/-JyWT.
4. Bob Sullivan y Hugh Thompson, «Brain, Interrupted», *New York Times*, 3 de mayo de 2013.
5. American Psychological Association, «Multitasking: Switching Costs», 20 de marzo de 2006: cort.as/-JyWd.
6. Susan David, «3 Ways to Better Understand Your Emotions», hbr.org, 10 de noviembre de 2016: cort.as/-JyWn.
7. Leah Weiss, «A Simple Way to Stay Grounded in Stressful Moments», hbr.org, 18 de noviembre de 2016: cort.as/-JyWw.
8. Shawn Achor y Michelle Gielan, «Consuming Negative News Can Make You Less Effective at Work», hbr.org, 14 de septiembre de 2015: cort.as/-JyXC.
9. K. Anders Ericcson, Michael J. Prietula y Edward T. Cokely, «The Making of an Expert», *Harvard Business Review*, julio-agosto de 2007, p. 114.
10. Eilene Zimmerman, «Pedro M. Gardete: Fellow Airline Passengers Infl uence What You Buy», *Insights by Stanford Business*, Stanford Graduate School of Business, 6 de febrero de 2015: cort.as/-JyXx.
11. Jason Corsello y Dylan Minor, «Want to Be More Productive? Sit Next to Someone Who Is», hbr.org, 14 de febrero de 2017: cort.as/-JyY8.

12. Jason Fried, «Restoring Sanity to the Offi ce», entrevista realizada por Sarah Green-Carmichael, *Harvard Business Review*, 29 de diciembre de 2016: cort.as/-JyYH.
13. Rebecca Knight, «Make Your Work Resolutions Stick», hbr.org, 29 de diciembre de 2014: cort.as/-JyYN.
14. Amy Jen Su, «6 Ways to Weave Self-Care into Your Workday», hbr.org, 19 de junio de 2017: cort.as/-JyYW.

Adaptado de hbr.org, publicado originalmente
el 20 de diciembre de 2017 (producto # H0433F).

5

Cómo ponerte a trabajar cuando no te apetece

Heidi Grant

¿● No tienes que terminar ese proyecto que dejaste aparcado y cuyo plazo de entrega está cada vez más cerca? ¿No tienes que contestar la llamada de ese cliente que no hace otra cosa que quejarse y consumir tu valioso tiempo? Un segundo, pero ¿no pensabas ir más a menudo al gimnasio este año?

¿Puedes imaginarte la culpa, el estrés y la frustración que te quitarías de encima si de alguna manera pudieras hacer las cosas que no te apetece hacer cuando se supone que deberías hacerlas? Por no mencionar lo rentable que sería en tu vida, tanto laboral como personalmente.

La buena noticia (y es realmente buena) es que, si usas la estrategia correcta, aprenderás a gestionar mejor tu tiempo para no posponer las tareas pendientes. Encontrar la estrategia adecuada depende exclusivamente de las razones que te llevan a procrastinar. A continuación, se exponen las más comunes:

Razón n.º 1:
pospones algo porque tienes miedo a cometer errores

Solución: adopta un «enfoque preventivo»

Existen dos formas de ver cualquier tarea. La primera es hacerla porque eres consciente de que es una forma de mejorar tu vida, de alcanzar una meta. Por ejemplo: «Si tengo éxito con este proyecto, impresionaré a mi jefe», o «si hago ejercicio con regularidad, me pondré en forma». Los psicólogos llaman a este modo el **enfoque de promoción**, y los estudios demuestran que funciona mejor cuando estás motivado por los posibles beneficios, y trabajas mejor porque te muestras optimista y entusiasmado. Suena bien, ¿verdad? En realidad, si eres de los que dudan y temen al fracaso, este no es tu modo de enfoque. La ansiedad y la duda socavan la motivación de la promoción y limitan las probabilidades de que puedas emprender alguna acción.

Lo que necesitas es una perspectiva de lo que necesitas hacer que no esté limitada por la duda, sino una que, idealmente, se aproveche de ella. Cuando tienes un **enfoque preventivo**, en lugar de pensar cómo obtener el mejor resultado, concibes las tareas como una forma de aferrarte a lo que ya has logrado; es decir, como una forma de no perderlo. Para los que usan este tipo de enfoque, acabar un proyecto es una forma de evitar que el jefe se enfade o tenga una mala opinión de ellos. Hacer ejercicio regularmente es una manera de no «abandonarse». Las investigaciones que se han llevado a cabo durante décadas —las cuales expongo en mi libro *Focus*— muestran que la motivación preventiva está relacionada con la ansiedad que supone pensar que algo puede salir mal. Cuando te enfocas únicamente para evitar pérdidas, la única manera de salir del peligro es tomar medidas de inmediato. Cuanto más preocupado estás, más presteza buscas en tus acciones.

Soy consciente de que estas palabras no son agradables a primera vista, particularmente si eres una persona que usa el enfoque de promoción, pero probablemente no haya una manera mejor de superar la ansiedad por el miedo al fracaso que reflexionar profundamente sobre las terribles consecuencias de no hacer nada en absoluto. No lo dudes, experimenta ese miedo. Es desagradable, pero funciona.

Razón n.º 2: pospones algo porque no te apetece hacerlo

Solución: Haz como Spock e ignora tus sentimientos. Se están interponiendo en tu camino

En su magnífico libro *El antídoto: felicidad para gente que no soporta el pensamiento positivo*, Oliver Burkeman remarca que, cuando decimos cosas como «no puedo levantarme temprano» o «soy incapaz de hacer ejercicio», lo que realmente significa es que no queremos hacerlas. Al fin y al cabo, nadie te encadena cada mañana a tu cama, ni los imponentes porteros del gimnasio bloquean irremediablemente la puerta de tu gimnasio. Físicamente, nada te impide hacerlo; simplemente, no quieres. Pero, como se cuestiona Burkeman, «¿quién dice que algo debe gustarte antes de empezar a hacerlo?».

Piensa un momento en ello, vale la pena. En alguna ocasión, todos hemos comprado la idea de que para motivarse y ser efectivo en el trabajo es necesario experimentar que realmente queremos hacerlo. Necesitamos estar entusiasmados con lo que hacemos. En realidad, no sé de dónde proviene esta idea, porque carece de sentido. Sí, es cierto, debes tener cierto grado de compromiso con lo que haces —acabar el proyecto, estar más sano o levantarte más temprano—, pero no es necesario que te guste hacerlo.

De hecho, como señala Burkeman, la mayoría de los artistas, escritores y visionarios más influyentes alcanzaron el éxito gracias al compromiso que mostraron con las rutinas de trabajo que les obligaban a trabajar cierto número de horas al día, sin que importara su nivel de inspiración o entusiasmo. Burkeman nos remite a las palabras del famoso artista Chuck Close: «La inspiración es para los aficionados. El resto de nosotros simplemente llega y se pone a trabajar».

Por eso, si eres uno de aquellos que está aplazando alguna tarea porque no tienes ganas de hacerla, recuerda que tampoco es necesario esperar a que te apetezca. En realidad, nada te lo impide.

Razón n.º 3: pospones algo porque es difícil, aburrido o desagradable

Solución: Utiliza la fórmula «si... entonces»

Con frecuencia, intentamos resolver este problema simplemente con nuestra fuerza de voluntad: «La próxima vez, empezaré a trabajar más pronto en el proyecto». Pero es evidente que, si tuviéramos esa fuerza de voluntad a la que nos referimos, nunca recurriríamos a la frase anterior porque, en primer lugar, no habríamos pospuesto ninguna tarea. Los estudios confirman que la gente sobreestima constantemente su capacidad de autocontrol y confía demasiado en ella para mantenerse a salvo de las preocupaciones.

No obstante, recapacita y acepta el hecho de que tu fuerza de voluntad es limitada. Acepta que, en ocasiones, tu fuerza de voluntad no siempre está a la altura de los desafíos que se te presentan y que consideras aburridos, tediosos o complicados. En lugar de eso, utiliza la fórmula «si... entonces» para llevar a cabo tus proyectos.

Esta fórmula no solo te permite decidir qué pasos son los adecuados para terminar los proyectos, sino que, además, también te ofrece la posibilidad de saber dónde y cuándo debes emprenderlos. Por ejemplo:

*«**Si** son las dos de la tarde, **entonces** dejaré lo que esté haciendo y empezaré a trabajar en el informe*

*que me reclamó Bob. **Si** mi jefe no menciona mi aumento de sueldo durante la reunión, **entonces** sacaré el tema antes de que termine».*

Programar exactamente por anticipado lo que vas a hacer —dónde y cuándo—anula cualquier tipo de duda que pueda surgir cuando te dispongas a hacerlo. No existe la posibilidad de que te preguntes: *¿Debo hacerlo en este momento? ¿Puedo hacerlo más adelante?* O, quizá, *¿puedo hacer otra cosa en su lugar?* Justamente cuando aparecen las dudas es cuando la fuerza de voluntad resulta más necesaria para tomar las decisiones adecuadas. La fórmula «si... entonces» reduce drásticamente las presiones que afectan a tu fuerza de voluntad y te permite tomar la decisión correcta antes de que sea demasiado tarde. De hecho, queda demostrado que esta fórmula ha resultado efectiva en más de doscientos estudios, incrementando el promedio de las tasas de éxito y productividad entre un 200 % y un 300 %.

Soy consciente de que las tres estrategias que ofrezco en este artículo —pensar en las consecuencias del fracaso, ignorar tus sentimientos y planificar al detalle tus actuaciones— no suenan tan bien como: «Persigue tus sueños» o «Piensa siempre en positivo». Pero tienen la inapelable ventaja de resultar efectivas, que, al fin y al cabo, es lo que puede ayudarte en tus proyectos.

HEIDI GRANT es directora científica en el NeuroLeadership Institute y directora asociada del Motivation Science Center de la Universidad de Columbia. Es autora de *Nine Things Successful People Do Differently, No One Understands You and What to Do About It*, y *Reinforcements: How to Get People to Help You*. Síguela en Twitter @heidgrantphd.

Adaptado de hbr.org, publicado originalmente
el 14 de febrero de 2014 (producto # H00OF8).

6

Consejos de productividad para personas que odian los consejos de productividad

Monique Valcour

«Los métodos tradicionales para mantener la concentración no me funcionan». «Sé lo que debería hacer para ser más productivo, pero no lo hago». En mi trabajo escucho constantemente este tipo de frases. Muchos de mis clientes han leído artículos y libros que tratan sobre el tema —incluso han recibido formación en métodos de productividad—, pero sus problemas para mantenerse enfocados no desaparecen. ¿Por qué la gente que conoce de primera mano las estrategias para enfocarse tiene problemas para hacerlo? Gracias a mi trabajo, he detectado distintas razones y estrategias que pueden ser de gran ayuda para mejorar el autocontrol.

Pensar que las estrategias de productividad que son útiles para los demás también deberían serlo para nosotros puede ser un motivo de frustración o el origen de una sensación de fracaso. Un amigo o el autor de cualquier libro pueden defender con tanto entusiasmo su propio enfoque que parece infalible si se sigue al pie de la letra. Pero, si lo practicas con ciertas reservas y tienes la sensación de que el método es restrictivo o artificial, es posible que no sea el adecuado para ti. Además, empeñarte en hacer que funcione puede llevarte adoptar una rutina repetitiva e inútil.

Por ejemplo, algunos grupos de mis clientes de *coaching* tienen aversión a organizar su tiempo con herramientas ampliamente recomendadas como hojas de cálculo, agendas, calendarios, fórmulas «si... entonces» o temporizadores. Por lo común, son aquellos clientes que están estrechamente vinculados a la calidad de su experiencia de trabajo, aquellos que disfrutan dejándose llevar y a quienes les asfixia que se les imponga mecanismos de productividad industrial. Si perteneces a un grupo así, lo mejor que puedes hacer es prestar atención a lo que experimentas mientras trabajas, y usar lo que observes para crear tus propias estrategias.

Por otro lado, si estás frustrado o desmoralizado, hay dos cosas que pueden ayudarte a tomar el control y tirar hacia adelante. La primera es que aceptes cómo eres y seas compasivo contigo mismo. Una vez que seas consciente de ello y admitas sin ningún tipo de resistencia que estás bloqueado y que no resulta nada agradable, ese sentimiento perderá el poder de sacarte de tu camino. No seas duro contigo mismo y reconoce tus fortalezas. Recuerda los desafíos que has superado en tu vida y reafirma tu capacidad para resolver los problemas.

Entonces, sigue adelante experimentando y analizando lo que te ocurre. En mi caso, siempre animo a mis clientes a que examinen varias veces a lo largo del día cómo funciona su proceso de trabajo y que, en caso de que sea necesario, hagan los ajustes que consideren oportunos para mejorar la calidad de su experiencia laboral. Ser flexible es una buena estrategia. Si con un método no obtienes resultados, prueba con otro antes de quedarte atrapado en rutinas sin sentido. ¿Estás harto de estar sentado delante de tu escritorio? Trabaja en el exterior o dirígete a una cafetería durante un par de horas. ¿La pantalla de tu ordenador te irrita los ojos? Cambia de soporte y usa papel o el reconocimiento de voz. ¿Te has propuesto acabar un informe antes de comer y estás bloqueado? Quizá la mejor opción para que lo resuelvas felizmente y sin contratiempos es que salgas a pasear y lo termines después de comer.

Hacer uso de la conexión entre la mente y el cuerpo es la mejor forma de saber cuándo debes hacer un cambio. Por ejemplo, en mi caso, he aprendido que necesito levantarme de mi silla varias veces al día para estirar las piernas. La tensión en los hombros o el entumecimiento de las nalgas es una señal para que me levante y active mis piernas. Cuando mi postura está encorvada y tengo la mandíbula apretada ha llegado el momento de salir y respirar tranquilamente durante unos minutos. Además, realizo ejercicio casi todos los días; normalmente después del trabajo, o antes de emprender alguna tarea que no requiera mucha atención, ya que tengo la sensación de que en vez de incrementar mi enfoque me relaja y lo disminuye. Tu cuerpo es perfectamente sabio para ofrecerte las pistas necesarias para que manejes mejor tu enfoque.

A algunas personas les gusta hacer un seguimiento del progreso de su trabajo para cumplir con los plazos de entrega. Enfocarse en el proceso de trabajo es un poderoso cambio de perspectiva para facilitar la consecución de tus proyectos. Por ejemplo, una de mis clientes, Nora, entendió que, si etiquetaba el objetivo diario como «finalizar el proyecto», su estrés aumentaba a medida que se acercaban los plazos de entrega y el proyecto no avanzaba a la velocidad que ella deseaba. Por eso, cuando finalizaba su jornada laboral, experimentaba una sensación de fracaso al comprobar que el proyecto seguía inconcluso. Afortunadamente, se dio cuenta de que, si era capaz de enfocar de otra forma los objetivos diarios —«trabajar en el proyecto» o «avanzar en el proyecto»— y los estructuraba en tareas asequibles y en pequeños hitos que sirvieran de indicadores de su progreso, lograría obtener mejores resultados.

Mantenerse concentrado no tiene por qué ser una lucha constante. Si bien es cierto que no es fácil, gestionar tu enfoque puede —y debe— ser reconfortante y satisfactorio. Desarrollar un trabajo significativo es una de las experiencias más estimulantes y placenteras que podemos tener.

Por eso, para facilitar tu progreso, es lógico diseñar tu propia secuencia de trabajo. La profesora de la Universidad de Minnesota Theresa Glomb recomienda organizar tu trabajo desde un punto de partida que te proporcione facilidades.[1] Como cuando tu coche está estacionado en una cuesta abajo, ¿qué podrías hacer para establecer las condiciones propicias para que con tan solo levantar el pie del freno empezaras a moverte? ¿Deberías ordenar tu escritorio antes de empezar una nueva actividad? ¿Sería una buena idea escribir las tareas prioritarias para el día siguiente antes de salir de la oficina? ¿Eres una persona que funciona con ideas generales y se queda atascada en los detalles? Entonces, quizá, deberías elegir una tarea manejable que te permitiera avanzar sin tener en cuenta tantos detalles. Pregúntate cuál es el primer paso que puedes dar. Por ejemplo: «Tengo en la mente una idea para un artículo que me gustaría escribir, soy consciente de que la inspiración desaparecerá si no empiezo a trabajar en ello. Puedo hacer un pequeño esquema en poco tiempo (progreso tangible). Si dispongo de más tiempo, lo desarrollaré y lo complementaré con más detalles (otro progreso)». Hacer un esquema no es tan productivo como escribir un borrador entero, pero es más sencillo y te permite avanzar en el proyecto y pasar a la siguiente fase de redacción. Esperar a que llegue la inspiración para escribir un magnífico artículo desde cero nunca funciona; de hecho, frena la productividad. En cambio, lo que realmente funciona es dar pequeños pasos y disfrutar de la sensación de progreso.

Si las estrategias de productividad de otra persona te parecen artificiales, probablemente no te motivarán. Por ejemplo, ciertas personas incrementan su productividad estableciendo una serie de plazos de entrega personales. En otras, los plazos límite solo son efectivos si son reales —es decir, con consecuencias profesionales—, no cuando han sido establecidas por ellas mismas o por otra persona de forma arbitraria. Por ejemplo, para mí, un plazo de entrega real es saber que hay una audiencia que espera escuchar mis palabras en un momento determinado. Con este tipo de plazos, estoy preparado y no tengo problemas para llevar a cabo mi trabajo. En cambio, empezar a trabajar en unas diapositivas dos semanas antes de lo necesario, porque así lo he planeado, no mejora en absoluto mi capacidad de enfoque.

Las estrategias de productividad también pierden eficacia cuando consideras que no tienen ningún sentido. Intenta reformular alguna tarea que debas llevar a cabo incluyéndola en el núcleo de tus valores principales. Pongamos por ejemplo que debo organizar unas entrevistas con los empleados de una firma para la que trabajo. Gestionar los correos electrónicos y los horarios del proceso puede parecer una labor administrativa tediosa e intrascendente. Pero, si considero este tipo de tareas como el primer paso que me permitirá ayudar a los empleados a crecer y prosperar, pueden volverse mucho más atractivas.

Por otro lado, muchas personas son presas fáciles ante las distracciones —tanto internas como externas— cuando intentan enfocarse. Una herramienta útil para evitar las distracciones consiste en realizar un estudio sobre los costes que supone caer en ellas. Rendirse ante las distracciones, aunque sea momentáneamente agradable, supone la aparición de sentimientos de culpa o, incluso, de incompetencia. Por otro lado, el progreso estimula el maravilloso sentido de autocontrol y superación. Ante la tentación que supone una distracción, pregúntate: ¿A qué estás renunciando ahora mismo? Cuando realizas un balance de lo que significa perder inútilmente el tiempo por internet renunciando a aprovechar el tiempo en las tareas que realmente quieres hacer, es posible que encuentres la fuerza necesaria para enfocarte.

Por último, acepta que el enfoque es un ejercicio dinámico, un trabajo en progreso. No existe una sola herramienta que te ayude a desarrollar un enfoque similar a un láser que nunca parpadea. La mejor respuesta que puedes darte cuando caes en una distracción no es el remordimiento o la condena, sino la autocompasión combinada con la curiosidad. Independientemente de que tu enfoque haya sido el correcto o no, tómate unos minutos al final del día para anotar los progresos que has logrado y para prepararte los progresos que realizarás al día siguiente para acercarte a tus objetivos.

MONIQUE VALCOUR es coach ejecutivo, conferencista y profesora de gestión. Puedes seguirla en Twitter @monique valcour.

Nota

1. Theresa Glomb, «Let's Make Work Better», filmado el 21 de julio de 2015 en Minneapolis, Minnesota: cort.as/-JynW.

Adaptado de hbr.org, publicado originalmente
el 6 de diciembre de 2017 (producto # H03XEH).

7

Cinco maneras de enfocar tu energía durante una crisis de trabajo

Amy Jen Su

El trabajo siempre está sujeto a fluctuaciones, oscilando entre estados estacionarios —donde tenemos el control del ritmo y de la carga de trabajo— y picos de trabajo —donde la carga de trabajo nos asfixia—. Los reveses inesperados, los plazos de entrega o incluso las vacaciones y los días festivos pueden crear caos y tensión. En esos momentos, en los que el trabajo se acumula de forma ingente, mantener el enfoque y gestionar los niveles de energía resulta indispensable. Cuando entres en tu próxima crisis de trabajo, puedes aplicar algunos consejos que te ayudarán a enfocarte y a gestionar la energía de forma más productiva.

Acepta la situación

Cuando te encuentras en medio de una crisis en el trabajo, es fácil caer en la tentación de negar aquello que está ocurriendo. Siempre deseamos que las cosas funcionen tan bien como lo hicieron el último mes o anhelamos la paz que nos proporcionan las vacaciones. Pero, si no somos conscientes de lo que nos está ocurriendo en el presente, malgastamos nuestra energía reflexionando sobre los pormenores de la situación en la que nos encontramos. De hecho, los físicos definen la resistencia como «el grado en el que una sustancia o un artefacto opone resistencia a una corriente eléctrica, y que, en consecuencia, ocasiona pérdidas energéticas». En el caso que nos ocupa, cuanta más resistencia opongas a lo que está sucediendo, más energía desperdiciarás en el proceso. Pero aceptar la situación no significa ceder ante ella.[1] Al contrario, significa reconocer conscientemente la realidad para poder tomar una decisión clara y efectiva.

Observa e identifica tus emociones internas

La aceptación es un proceso particularmente complicado debido a las emociones subyacentes que emergen cuando aparece una crisis en el trabajo. Los pensamientos negativos como «no voy a estar a la altura», «no seré capaz de terminar el proyecto» o «me da la sensación de que pierdo el control de mi vida» tienden a manifestarse más frecuentemente. En su libro *Your Brain at Work*, David Rock, director del Neuro-Leadership Institute, sugiere que en lugar de suprimir o negar estas emociones, una técnica cognitiva que se muestra efectiva consiste en identificar las emociones.[2] Rocky asegura que «los ejecutivos más exitosos han desarrollado la habilidad de mantener su sistema límbico estimulado para permanecer relajados y mantener la calma. En parte, eso es fruto de su habilidad para identificar sus estados emocionales».

La próxima vez que te encuentres en una crisis laboral o cuando tengas previsto algún contratiempo en el trabajo, predica con el consejo de Rock: Observa en qué estado emocional te encuentras y etiquétalo con una palabra como «presionado», «culpable» o «preocupado». Según muestra la investigación de Rock, el uso de una o dos palabras para definir tu estado emocional puede reducir la reacción de lucha o huida del sistema límbico y, en su lugar, activar la corteza prefrontal, que es responsable del funcionamiento ejecutivo.

Preserva tu sentido de elección y actuación

Aceptar la situación e identificar tus emociones puede reducir la ansiedad que genera una crisis laboral. Esto es fundamental porque, como demuestra una investigación de la Universidad de Pittsburgh, la ansiedad afecta directamente a nuestro funcionamiento cognitivo; especialmente, a las áreas que son responsables de tomar decisiones sensatas.[3] No caigas en una mentalidad victimista perdiendo el control y tu capacidad de reacción.

En lugar de eso, presta mayor atención a tus prioridades, toma las medidas necesarias y piensa en tu bienestar. Por ejemplo, pregúntate:

- ¿Qué tareas son prioritarias en este momento?

- ¿Qué puedo hacer para recuperar mi energía (acostarme temprano una noche a la semana, escuchar mi música favorita mientras trabajo o echar una siesta en el avión)?

- ¿A qué compromisos deberé renunciar?

Comunícate con tus compañeros y tus familiares

Durante una crisis o un contratiempo laboral, algunas personas pueden ser una verdadera amenaza para tu energía. Reflexiona un instante y piensa en cómo puedes renegociar los plazos de entrega, establecer horarios más estrictos o pedir más apoyo cuando lo necesites. A continuación, te ofrezco algunas sugerencias:

- *Renegocia los plazos de entrega*: mantente en contacto con tus compañeros de trabajo para asegurarte de que no necesitan más tiempo o de que no necesitan que les eches una mano. Por otro lado, si anticipas que no vas a terminar a tiempo con el plazo estipulado, informa del nuevo calendario a tus compañeros o renegócialo. Protege tu integridad manteniendo los compromisos acordados.

- *Organiza tu tiempo de forma estricta:* durante las crisis laborales, nuestro horario se ve afectado. Asegúrate de que los demás, tanto en su vida personal como en la laboral, sepan cuándo dispones de tiempo para ellos, porque tu horario será mucho más estricto.

- *Pide ayuda o apoyo:* muchos de nosotros estamos orgullosos de ser autosuficientes y de no importunar a los demás. Sin duda, esa es una cualidad envidiable, pero hay momentos en los que necesitamos pedir ayuda. En esos momentos, confía en tus seres queridos y reclama más ayuda en el hogar. En el trabajo, en lugar de intentar hacerlo todo por tu cuenta, no dudes en compartir el peso de la responsabilidad con tus compañeros y delega algunas tareas o trabaja en equipo.

Practica la autocompasión

Probablemente, la parte más complicada de sufrir un contratiempo o una crisis en el trabajo es no autocastigarte o recriminarte nada, especialmente cuando tu rendimiento no es el esperado. Annie McKee, autora del libro *How to Be Happy at Work* y coautora de otros muchos libros de inteligencia emocional, afirma que «si de verdad quieres vencer el estrés, debes dejar de actuar como un héroe y preocuparte por tu bienestar».[4]

Para ser realmente autocompasivo durante las crisis laborales o los periodos estresantes de trabajo, debes aceptar tu situación conscientemente y de forma compasiva, observar e identificar tus emociones —no las niegues ni las suprimas—, mantener tu sentido de elección y agencia, sostener una comunicación fluida con tus compañeros y seres queridos, y reclamar ayuda cuando la necesites. De este modo, podrás superar la siguiente crisis que aparezca más fácil y tranquilamente.

AMY JEN SU es cofundadora y socia de Paravis Partners, una firma de *coaching* ejecutivo y desarrollo de liderazgo. Es coautora, junto con Muriel Maignan Wilkins, de *Own the Room: Discover Your Signature Voice to Master Your Leadership Presence* (Harvard Business Review Press, 2013). Sigue a Amy en Twitter @amyjensu.

Notas

1. Steve Taylor, «How Acceptance Can Transform Your Life», *Psychology Today blog*, 19 de agosto de 2015: cort.as/-K_8I.

2. David Rock, *Your Brain at Work: Strategies for Overcoming Distraction, Regaining Focus, and Working Smarter All Day* (New York: HarperBusiness, 2009).
3. Christopher Bergland, «How Does Anxiety Short Circuit the Decision-Making Process?», *Psychology Today blog*, 17 de marzo de 2016: cort.as/-K_92.
4. Annie McKee and Kandi Wiens, «Prevent Burnout by Making Compassion a Habit», hbr.org, 11 de mayo de 2017: cort.as/-K_9C.

Adaptado de hbr.org, publicado originalmente
el 22 de septiembre de 2017 (producto # H03WMD).

8

El problema de la gestión del tiempo en tu equipo quizás sea un problema de enfoque

Maura Thomas

Habitualmente, muchos líderes me confiesan que su «equipo tiene un problema de organización». Por lo común, afirman que sus equipos no saben apreciar la importancia de los proyectos, a pesar de que se muestran ocupados y estresados. Por eso, «la gestión del tiempo» se presenta como una solución efectiva a sus problemas, y quieren contratarme para que les proporcione técnicas y consejos sobre temas como priorizar o utilizar mejor su calendario.

Sin embrago, lo que habitualmente descubrimos es que el origen de sus problemas no reside en la gestión del tiempo, sino en la gestión de la *atención*. Y esos problemas de gestión no son consecuencia de la falta de aptitudes de sus empleados, sino que tienen sus raíces en un problema cultural más amplio, reforzado involuntariamente —o al menos tolerado— por la dirección de la compañía.[1]

Las distracciones son uno de los principales problemas en los trabajos de alto rendimiento intelectual, y cuesta a las empresas aproximadamente un billón de dólares cada año[2]. El primer paso para abordar este problema es tratarlo como una cuestión de cultura de empresa que merece la atención de los altos directivos.

Desde mi punto de vista, muchos líderes permiten, o incluso promueven activamente, las siguientes cuatro situaciones que impiden que su equipo pueda concentrarse y rendir a su mejor nivel.

Crean ambientes que perjudican el enfoque

Los elementos de los que se nutre el trabajo intelectual son la creatividad, las ideas, las decisiones, la información y la comunicación. Todas estas cualidades requieren periodos prolongados de enfoque sostenido. No obstante, muchas oficinas presentan una cultura en la que todas las comunicaciones, sin importar el contexto o el contenido, ostentan el mismo supuesto grado de urgencia y deben responderse de forma inmediata.

En ocasiones, esto ocurre por culpa de una directriz en el protocolo del servicio de atención al cliente: las órdenes estipulan que el cliente debe obtener una respuesta en un tiempo apropiado. Pero, si el término «apropiado» no aporta ningún detalle ni especificación alguna, se asume la fórmula de *cuanto antes, mejor*. Como los trabajadores nunca saben si los mensajes que reciben son de clientes o de cualquier otra persona, deben atender todos los mensajes de forma constante. De este modo, las demás tareas se abordan de forma intermitente entre los intervalos que permiten los mensajes; es decir, durante periodos de 30 a 120 segundos.

Tomar nota de los mensajes y comunicar que se responderá lo antes posible tampoco es una solución. Los trabajadores deberán comprobar uno por uno todos los mensajes para saber la prioridad de cada uno. Además, el problema se agrava cuando se les proporciona a los empleados un segundo monitor, en el cual suelen dejar abierto su correo electrónico mientras atienden los encargos en el primero. Curiosamente, esa medida, normalmente asumida por los directivos, es un gran método para aumentar las distracciones de los empleados.

Para solventar este problema, enfoca los problemas de los clientes hacia el personal específico del servicio de atención al cliente, cuyo trabajo está orientado a las tareas de respuesta. Concede más tiempo ininterrumpido a los empleados mejor cualificados para que se enfoquen en sus responsabilidades. En el caso de que no sea viable instaurar un servicio específico de atención al cliente, habilita un contestador automático que organice la prioridad en las llamadas y que advierta de un margen adecuado para las respuestas —desde cuatro horas a un día laboral—. ¿Tus clientes dejarán de contar contigo porque no respondes a sus correos electrónicos de forma inmediata? A la hora de considerar los tiempos de respuesta, intenta enfocarlo de esta forma: si tu cliente se encontrara sentado delante de uno de tus empleados, no querrías que estos estuvieran revisando sus correos electrónicos personales mientras lo atienden. Así pues, aunque el cliente no esté presente, el servicio que debe ofrecer tu empresa debe contar con el mismo respeto y con la misma atención personalizada, ¿verdad? Si es así, entonces tu equipo debe disponer de un margen de tiempo adecuado entre las comunicaciones entrantes. Además, como demuestran los estudios, el trabajo se hará más rápido y mejor.[3]

No dan instrucciones claras sobre el canal de comunicación apropiado en cada situación

Los correos electrónicos no están diseñados para la comunicación de información sensible o urgente. En cambio, la mensajería instantánea es un sistema mucho más eficaz para lidiar con la urgencia, pero se usa indiscriminadamente, tanto para problemas triviales como para asuntos de gran importancia. Cuando una herramienta de comunicación se usa en cualquier circunstancia, no es posible evaluar la importancia de los mensajes si no los revisas uno a uno a medida que llegan. Esto, sin duda, garantiza una distracción constante.

Contempla la posibilidad de utilizar un contestador automático o una línea en tu firma de correo electrónico que indique a tus clientes cómo contactar contigo si el asunto es urgente. Además, asegúrate de que las comunicaciones internas no suponen la expectativa de una respuesta inmediata. El personal, especialmente los *millennial*, tienden cada vez más a evitar la comunicación telefónica y en persona, a pesar de que la información sensible o urgente es más adecuada para estos canales. Por eso es necesario ofrecer directrices flexibles, pero específicas, sobre cómo usar de forma eficaz todos los canales de comunicación de la empresa.

Asignan a los mismos trabajadores para recibir y resolver los problemas de los clientes

Independientemente de que asignes a un personal específico para que atienda las líneas de atención al cliente, si las mismas personas deben *recibir* y *resolver* todos los problemas, no habrás arreglado nada en absoluto. Al fin y al cabo, no serán capaces de centrar la atención en la resolución de problemas si no disponen de tiempo para hacerlo.

Intenta organizar la agenda diaria de tu equipo de soporte para que cada empleado disponga del tiempo necesario para tratar cuidadosamente los problemas que surjan y para que pueda realizar otras tareas importantes. Otra opción puede ser nombrar a una persona para que se encargue de clasificar los mensajes, y que solo dedique su tiempo a la admisión y la asignación de los mensajes. Las dos fórmulas proporcionan el espacio de tiempo suficiente para que puedan centrar completamente su atención en la resolución de los problemas, y así tus clientes estarán más satisfechos. Cuando los empleados tengan la oportunidad de reflexionar concienzudamente sobre los problemas de los clientes, podrán reconocer más fácilmente aquellos problemas sistemáticos y mejorar tanto la política de empresa como sus productos. Forma a tu personal para que entiendan lo que significa un buen servicio de atención al cliente que no solo atienda a los consumidores inmediatamente, sino que, además, lo haga de forma atenta, efectiva y satisfactoria.

No se dan cuenta de que la supervisión de los mecanismos internos sigue siendo un trabajo, aunque rara vez haya una emergencia

En todas las sesiones formativas que imparto me ocurre lo mismo: presento la idea de que el tiempo de descanso y las vacaciones son fundamentales para el éxito de los trabajadores, y luego el jefe del departamento de informática u otro de supervisión de sistemas afirma que nunca pueden desconectar completamente por si ocurre un fallo en el sistema. Además, a continuación, un miembro de la dirección siempre dice: «No pasa nada, este tipo de emergencias rara vez ocurren».

Pero eso no es aceptable, porque supervisar el trabajo para detectar emergencias sigue siendo un trabajo. Si tienes la intención de encontrar a un trabajador que esté disponible las 24 horas del día los 365 días del año, entonces, esperas encontrar una persona que no disponga nunca de tiempo libre, porque debe supervisar perpetuamente el funcionamiento de la empresa «por si acaso». Incluso, en el caso de que no se presente ninguna emergencia, ese trabajador siempre encontrará algún sistema que revisar para que todo funcione perfectamente. Es más, en el caso de que se tome un descanso y decida no responder, su mente se mantendrá ocupada en el trabajo todo el tiempo, y nunca habrá un momento en el que pueda desconectar realmente.

Para solucionar ese problema, todos los departamentos de tu organización deben contar con una copia de seguridad de garantías. Cuando un departamento o un empleado no disponen de una copia de seguridad y dependen de un solo empleado, el riesgo a perder la información existe tanto si alguien supervisa el sistema como si no. Si ese empleado decide abandonar la empresa y se lleva toda esa información con él, la empresa podría tardar años en recuperarse. Si se queda, es probable que experimente un gran estrés —que no es bueno para su rendimiento— o que se colapse por agotamiento —en cuyo caso deberás remplazarlo de forma temporal o permanente).[4]

Si eres el líder de una compañía y crees que tus empleados pueden tener un problema con la «administración del tiempo», analiza en primer lugar estos asuntos. Tu primer paso puede ser abordar el problema cultural de la gestión de la atención. Aunque es posible que muchos trabajadores tengan problemas con la gestión del tiempo y la atención, las soluciones nunca serán efectivas y duraderas a menos que antes resuelvas los problemas culturales de fondo.

MAURA THOMAS es una formadora internacional sobre la productividad individual y corporativa, la gestión de la atención y la conciliación entre la vida personal y laboral. Es ponente en TEDx, y fue nombrada en 2018 por la revista *Inc. Magazine* en el «Top Leadership Speakers». Es autora de *Personal Productivity Secrets and Work Without Walls.* Síguela en Twitter @mnthomas.

Notas

1. Maura Thomas, «Time Management Training Doesn't Work», hbr.org, 22 de abril de 2015: cort.as/-K_BQ.
2. Larry Rosen y Alexandra Samuel, «Conquering Digital Distraction», *Harvard Business Review*, junio de 2015, p. 110.
3. Peter Bregman, «How (and Why) to Stop Multitasking», hbr.org, 20 de mayo de 2010, cort.as/-K_BZ.
4. Diane Coutu, «The Science of Thinking Smarter», *Harvard Business Review*, mayo de 2008, p. 51.

Adaptado de hbr.org, publicado originalmente
el 27 de febrero de 2017 (producto # H03H6V).

9

Cómo practicar mindfulness durante tu jornada laboral

Rasmus Hougaard y Jacqueline Carter

Es muy probable que reconozcas la siguiente situación: llegas a la oficina con un plan determinado y, luego, sin saber cómo, te encuentras de regreso a casa. Han trascurrido nueve o diez horas, pero solo has logrado alcanzar algunas de tus prioridades. Además, lo más probable es que no recuerdes exactamente lo que hiciste durante todo el día. Si esta situación te resulta familiar, no te preocupes: no eres el único. Los estudios demuestran que la gente dedica casi el 47 % de su tiempo pensando en algo que no está haciendo en ese momento.[1] En otras palabras, muchos de nosotros funcionamos con el piloto automático.

Además, en la actualidad hemos cruzado un nuevo umbral que mucha gente llama «la economía de la atención». En este estado, la habilidad de mantenerse enfocado y concentrado es tan importante como las habilidades técnicas o de gestión. Y como la mayoría de los líderes deben absorber y sintetizar flujos de información crecientes para tomar buenas decisiones, están especialmente interesados en esta tendencia emergente.

La buena noticia es que puedes entrenar a tu cerebro para que mejore su capacidad de enfoque si incorporas a tu rutina de trabajo diaria los ejercicios de mindfulness. A continuación, de acuerdo con nuestra experiencia con más de 250 empresas, te presentamos algunos consejos para que puedas llegar a ser un líder más enfocado y equilibrado.

En primer lugar, empieza tu día adecuadamente. Los investigadores han descubierto que liberamos la mayoría de las hormonas relacionadas con el estrés minutos después de despertarnos.[2] ¿Por qué? Porque organizar y proyectar el día hacia adelante desencadena nuestro instinto de lucha o huida y libera cortisol en nuestra sangre. En lugar de eso, prueba esta técnica:

cuando te despiertes, quédate dos minutos en tu cama observando simplemente tu respiración. A medida que los pensamientos relacionados con el devenir del día aparezcan, déjalos fluir y enfócate en tu respiración.

Más adelante, cuando llegues a la oficina, reserva diez minutos en tu despacho o en el interior de tu coche para estimular a tu cerebro con la siguiente práctica antes de sumergirte en la actividad laboral: cierra los ojos, relájate y siéntate con la espalda recta. Centra tu atención en la respiración. Simplemente, se trata de mantener la atención en las fluctuaciones de tu respiración: inhala, exhala; inhala, exhala. Para favorecer tu enfoque, puedes enumerar silenciosamente cada exhalación. Cada vez que descubras que tu mente está distraída, deja fluir la distracción y regresa a las fluctuaciones de tu respiración. Lo más importante es que te permitas disfrutar de esos minutos. El resto del día, otras personas y las urgencias que aparezcan estarán compitiendo por tu atención, pero durante estos diez minutos, tu atención te pertenece. Es completamente tuya.

Cuando hayas finalizado esa práctica y estés preparado para trabajar, el mindfulness incrementará tu efectividad laboral. Existen dos habilidades que definen una mente *mindful*: el *enfoque* y la *conciencia*. El enfoque es la habilidad para concentrarte en lo que haces, mientras que la conciencia es la capacidad de reconocer y deshacerse de las distracciones innecesarias que van surgiendo. Es importante comprender que el mindfulness no es una práctica sedentaria, sino que consiste en desarrollar una mente aguda y clara. Además, el mindfulness es una gran alternativa a la ilusión práctica de la multitarea. Trabajar en un estado de mindfulness significa que eres capaz de aplicar el enfoque y la conciencia en cualquier labor que requiera de tu atención desde el primer momento en el que pones un pie en la oficina. Simplemente, te enfocas en la tarea que se te presenta y eliminas las distracciones que aparecen. En este sentido, el mindfulness ayuda a incrementar tu eficacia, disminuye el número de errores e incluso estimula tu creatividad.

Para comprender reamente el poder del enfoque y la conciencia, reflexiona sobre una tendencia que nos afecta a casi todos: la adicción al correo electrónico. Los correos electrónicos tienen una capacidad asombrosa para atraer nuestra atención y redirigirla hacia tareas de menor importancia porque al finalizar rápidamente cualquier pequeña tarea se libera dopamina —una de las hormonas relacionadas con el placer— en nuestro cerebro. Esta descarga de hormonas genera una adicción al correo electrónico que compromete directamente nuestra concentración. En lugar de eso, intenta aplicar el mindfulness antes de entrar en tu correo electrónico. Enfócate en lo que es importante y mantén alerta la conciencia para detectar la información irrelevante. Para empezar mejor el día, evita revisar tu correo electrónico nada más levantarte. Así, evitarás que una avalancha de distracciones y problemas a corto plazo te consuman durante uno de los momentos del día en el que tienes un potencial para el enfoque y la creatividad excepcionales.

A medida que avanza el día y las reuniones se encadenan, el mindfulness puede servirte de ayuda para reducir el tiempo de esas actividades e incrementar su eficacia. Para no empezar una reunión con tu mente dispersa, tómate dos minutos para relajarte y enfocarte en el camino marcado. Es más, dedica los dos primeros minutos de la reunión para que la gente se concentre y pueda afrontarla física y mentalmente preparada. Luego, si es posible, finaliza la reunión cinco minutos antes para que los participantes tengan una transición *mindful* hasta la próxima sesión.

A medida que transcurre el día y tu cerebro empieza a agotarse, el mindfulness puede ayudarte a que mantengas la atención y a evitar que tomes malas decisiones. Después de comer, programa un temporizador en tu teléfono para que suene cada hora. Cuando suene el timbre del temporizador, interrumpe la actividad que estés haciendo y dedica un minuto a la práctica del mindfulness. Estos descansos te ayudarán a evitar que recurras al piloto automático y te conviertas en un adicto a la acción.

Finalmente, cuando el día llegue a su fin y regreses a casa, practica de nuevo el mindfulness. Durante al menos diez minutos de tu viaje de regreso a casa, desconecta tu teléfono móvil, apaga la radio y relájate. Deja fluir cualquier pensamiento que surja. Concéntrate en tu respiración. Si lo haces, dejarás atrás el estrés acumulado en el día a día y podrás volver a casa totalmente centrado en tu vida familiar.

El mindfulness no consiste en vivir tu vida a cámara lenta. Se trata de mejorar el enfoque y la conciencia de uno mismo en el trabajo y la vida personal. Consiste en deshacerse de las distracciones y mantenerse al día con los objetivos individuales y profesionales. Controla tu propia atención: prueba estos consejos durante catorce días y comprueba lo que pueden hacer por ti.

RASMUS HOUGAARD es el fundador y director general de Potential Project, un proyecto de liderazgo global y desarrollo organizacional. JACQUELINE CARTER es socia y directora del Potential Project estadounidense. Son los coautores *One Second Ahead: Enhancing Performance at Work with*

Mindfulness y *How to Lead Yourself, Your People, and Your Organization for Extraordinary Results* (Harvard Business Review Press, 2018).

Notas

1. S. Bradt, «Wandering Mind Not a Happy Mind», *Harvard Gazette*, 11 de noviembre de 2010.
2. J. C. Pruessner *et al.*, «Free Cortisol Levels After Awakening: A Reliable Biological Marker for the Assessment of Adrenocortical Activity», *Life Sciences* 61, no. 26 (noviembre de 1997): pp. 2539-2549.

Adaptado del contenido publicado en hbr.org
el 4 de marzo de 2016 (# H02OTU).

10

Los límites de tu cerebro para enfocarse

Srini Pillay

La habilidad para enfocarse es un factor determinante para alcanzar la excelencia. Las técnicas de enfoque, como las listas de tareas pendientes, los horarios o las notas de calendario, son siempre de gran ayuda para que la gente se concentre en su trabajo. Poca gente se atrevería a negar sus beneficios, pero aunque lo hicieran, existen demasiadas evidencias que respaldan que evitar las distracciones y estar enfocado es beneficioso para tu trabajo. Por ejemplo, practicar mindfulness diez minutos cada día puede mejorar la eficacia de tu liderazgo porque te permite regular tus emociones y dar sentido a tus experiencias del pasado.[1] No obstante, a pesar de lo beneficioso que puede resultar, el enfoque también tiene sus desventajas.

El problema reside en que un enfoque excesivo puede agotar los circuitos encargados de que este funcione en tu cerebro. Es más, puede consumir tu energía y hacer que pierdas el control.[2] Además, este consumo excesivo de energía también puede provocar que seas más impulsivo y menos productivo.[3] En consecuencia, tomas las decisiones sin pensar y te muestras mucho menos colaborativo.

Entonces, ¿qué hacemos? ¿Enfocarnos o desenfocarnos?

Las investigaciones más recientes muestran que tanto el enfoque como el desenfoque son vitales. El cerebro funciona de forma óptima cuando oscila entre ambos. Este equilibrio permite desarrollar nuestra resiliencia, estimular nuestra creatividad y tomar mejores decisiones.[4]

Cuando te desenfocas, activas un circuito del cerebro llamado «red neuronal por defecto», DMN (por sus siglas en inglés, Default Mode Network). En el pasado, nos referíamos a este circuito como el *do mostly nothing*, porque solo se activaba cuando dejabas de enfocarte. Sin embargo, cuando ese circuito se encuentra en estado de reposo utiliza el 20 % de la energía del cuerpo (en comparación con el 5 % que cualquier esfuerzo requeriría).[5]

El DMN necesita esa cantidad de energía porque, en realidad, está haciendo cualquier cosa menos descansar. Por debajo de los niveles conscientes del cerebro, el DMN activa los recuerdos y la información del pasado, se desplaza de un lado a otro entre el pasado, el presente y el futuro; y combina y formula nuevas ideas.[6] Además, al acceder a esa información remota, es capaz de mejorar tu autoconciencia y reforzar la confianza en ti mismo.[7] Sin mencionar que te permitirá tomar mejores decisiones, porque estimulará la aparición de ideas creativas y mejorará tu capacidad para prever los acontecimientos futuros.[8] Por último, el DMN también incrementa tu capacidad para comprender los pensamientos de los demás; de este modo, mejora tus habilidades de trabajar en equipo, y aumentas la cohesión de este.[9]

Hay muchas maneras simples y efectivas de activar ese circuito. A continuación, puedes encontrar algunos ejemplos.

Soñar despierto de forma positiva y constructiva (PCD)

Soñar despierto de forma positiva y constructiva (PCD) es un tipo de divagación mental muy distinta a fantasear sin rumbo o a quedarse atrapado de forma recursiva en pensamientos negativos.[10] La práctica diaria del PCD puede estimular tu creatividad, fortalecer tu capacidad de liderazgo y revitalizar tu cerebro. Para usar esta técnica, elige una actividad de perfil bajo; es decir, que no requiera de mucha atención, como hacer punto, leer algo sencillo o distraerte con algún pasatiempo. Entonces, mientras realizas la actividad, explora los rincones escondidos de tu mente.[11] Pero esta vez, en lugar de divagar sin rumbo o de empantanarte con algún pensamiento recurrente, antes que nada, proyecta una imagen alegre o placentera en tu cabeza —como un paseo por el bosque o tomar el sol en la cubierta de un yate—. A continuación, desplaza tu atención desde el mundo externo hacia el interior de tu mente, teniendo siempre presente la imagen que has proyectado.

Jerome Singer ha estudiado el PCD durante décadas y ha descubierto que activa el DMN y que cambia metafóricamente las herramientas que usa tu cerebro para tratar la información.[12] Mientras que el enfoque tradicional funciona a modo de horquilla que atrapa los pensamientos conscientes que se generan en tu mente, le PCD utiliza un método distinto. En realidad, podría decirse que usa más de un que un simple tenedor: usa una cuchara para recoger la deliciosa mezcla de sabores de tu identidad —el aroma de tu abuela o la sensación placentera del primer mordisco que diste a un pastel de manzana durante un fresco atardecer—; unos palillos chinos para conectar las ideas esparcidas por tu mente —para incrementar la creatividad—; y una fina cuchara para acceder a los rincones de tu cerebro y recoger aquellos recuerdos perdidos que fueron vitales para formar tu identidad.[13] Por eso, gracias al uso de estas nuevas herramientas, puedes expandir el significado de ti mismo —el cual, según el asesor organizacional Warren Bennis, es un factor esencial para ejercer el liderazgo—.[14] Yo lo llamo *el centro de gravedad psicológico*, y te ayuda a mejorar la agilidad y la gestión de los cambios de forma más efectiva.[15]

Echarse una siesta

Aparte de buscar tiempo para practicar el PCD, los líderes también están autorizados a echarse una siesta. No todas las siestas son iguales. Cuando tu cerebro está agotado, tu claridad y creatividad se ven comprometidas. Pero los estudios demuestran que después de echarte una siesta de unos diez minutos, recuperas la atención y la capacidad de estar alerta.[16] Aun así, si te enfrentas a una tarea creativa, probablemente necesitarás dormir durante unos noventa minutos para revitalizar completamente el cerebro.[17] Tu cerebro requiere ese espacio de tiempo más prolongado porque debe hacer más asociaciones y sacar a la luz las ideas o los pensamientos que se esconden en los rincones y en los repliegues de tu memoria.

Pretender ser otra persona

Cuando estás bloqueado en un proceso creativo, puedes encontrar una solución a tus problemas si te desenfocas y representas una personalidad totalmente distinta. En 2016, los psicólogos educativos Denis Dumas y Kevin Dunbar descubrieron que la gente que intenta resolver un problema creativo obtiene más resultados si se comporta como un excéntrico poeta que como un rígido bibliotecario.[18] De acuerdo con una prueba en la que los participantes tenían que encontrar el mayor número de usos posibles para cualquier objeto —por ejemplo, un ladrillo—, aquellos que se comportaban como lo haría un poeta excéntrico tenían un rendimiento creativo más elevado.

La próxima vez que te encuentres en un callejón creativo sin salida, haz la prueba y representa cualquier otra identidad. Es probable que expandas tu punto de vista y que puedas pensar y observar tus problemas desde otra perspectiva. Yo lo llamo «halloweenismo psicológico».[19]

Durante años, el enfoque ha sido una de las habilidades más veneradas. Como pasamos el 46,9 % de nuestro tiempo con la mente alejada de lo que estamos haciendo, deseamos la habilidad de mantenernos enfocados en una tarea.[20] No obstante, si practicamos diariamente el PCD, descansamos y hacemos siestas de entre diez y noventa minutos, y realizamos el *halloweenismo* psicológico, es muy probable que mantengamos nuestro enfoque donde sea necesario y lo usemos de forma más efectiva. Pero lo realmente importante es que, además, desenfocarnos nos permite actualizar la información del cerebro y acceder a sus partes más profundas, por lo que nuestra agilidad, nuestra creatividad, nuestra inteligencia y nuestra capacidad para tomar decisiones se ven incrementadas.

SRINI PILLAY, MD, es un *coach* ejecutivo y CEO del Neuro-Business Group. También es un pionero de la tecnología y empresario en los sectores de salud y desarrollo de liderazgo. Es el autor de *Tinker, Dabble, Doodle, Try: Unlock the Power of the Unfocused Mind*. Además, también es profesor en la Facultad de Medicina de Harvard e imparte clases en los programas de educación ejecutiva de la Harvard Business School y la Duke Corporate Education.

Notas

1. Louise Wasylkiw *et al.*, «The Impact of Mindfulness on Leadership in a Health Care Setting: A Pilot Study», *Journal of Health Organization and Management* 29, no. 7 (2015): pp. 893-911. Megan Reitz y Michael Chaskalson, «Mindfulness Works, But Only If You Work at It», hbr.org, 4 de noviembre de 2016: cort.as/-K_Hs. Rasmus Hougaard, Jacqueline Carter y Gitte Dybkjaer, «Spending 10 Minutesa Day on Mindfulness Subtly Changes the Way You React to Everything», hbr.org, 18 de enero de 2017: cort.as/-JyS6. ChristinaCongleton, Britta K. Hölzel y Sara W. Lazar, «Mindfulness Can Literally Change Your Brain», hbr.org, 8 de enero de 2015: cort.as/-K_I6.

2. Todd F. Heatherton y Dylan D. Wagner, «Cognitive Neuro science of Self-Regulation Failure», *Trends in Cognitive Sciences* 15, no. 3 (marzo de 2011): pp. 132-139.

3. Roy F. Baumeister, «Ego Depletion and Self-Regulation Failure: A Resource Model of Self-Control», *Alcoholism: Clinical and Experimental Research* 27, no. 2 (febrero de 2003): pp. 281-284. C. Nathan Dewall *et al.*, «Depletion Makes the Heart Grow Less Helpful: Helping as a Function of Self-Regulatory and Genetic Relatedness», *Personality and Social Psychology Bulletin* 34, no. 12 (diciembre de 2008): pp. 1653-1662.

4. Jinyi Long *et al.*, «Distinct Interactions Between Fronto-Parietal and Default Mode Networks in Impaired Consciousness», Scientific Reports 6 (2016): pp. 1-11.

5. Marcus E. Raichle y Deborah A. Gusnard, «Appraising the Brain's Energy Budget», *Proceedings of the National Academy of Sciences* (PNAS) 99, no. 16 (agosto de 2002): pp. 10237-10239.

6. Carlo Sestieri *et al.*, «Episodic Memory Retrieval, Parietal Cortex, and the Default Mode Network: Functional and Topical Analyses», *The Journal of Neuroscience* 31, no. 12 (marzo de 2011): pp. 4407-4420. Ylva Østby *et al.*, «Mental Time Travel and Default-Mode Network Functional Connectivity in the Developing Brain», PNAS 109, no. 42 (octubre de 2012): pp. 16800-16804. Roger E. Beaty *et al.*, «Creativity and the Default Network: A Functional Connectivity Analysis of the Creative Brain at Rest», *Neuropsychologia* 64 (noviembre de 2014): pp. 92-98.

7. Christopher G. Davey, Jesus Pujol y Ben J. Harrison, «Mapping the Self in the Brain's Default Mode Network», *Neuroimage* 132 (mayo de 2016): pp. 390–397.

8. Beaty *et al.*, «Creativity and the Default Network», pp. 92-98. Fabiana M. Carvalho *et al.*, «Time-Perception Network and Default Mode Network Are Associated with Temporal Prediction in a Periodic Motion Task», *Frontiers in HumanNeuroscience* 10 (junio de 2016): p. 268.

9. Christopher J. Hyatt *et al.*, «Specific Default Mode Subnetworks Support Mentalizing as Revealed Through Opposing Network Recruitment by Social and Semantic FMRI Tasks», *Human Brain Mapping* 36, no. 8 (agosto de 2015): pp. 3047-3063.

10. Rebecca L. McMillan, Scott Barry Kaufman y Jerome L. Singer, «Ode to Positive Constructive Daydreaming», Frontiers in Psychology 4 (septiembre de 2013): p. 626.

11. Benjamin Baird *et al.*, «Inspired by Distraction: Mind Wandering Facilitates Creative Incubation», *Psychological Science* 23, no. 10 (octubre de 2013): pp. 1117-1122.

12. Jerome L. Singer, «Researching Imaginative Play and Adult Consciousness: Implications for Daily and Literary Creativity», *Psychology of Aesthetics, Creativity, and the Arts* 3, no. 4 (2009): pp. 190-199.

13. Jeroen J. A. van Boxtel, Naotsugu Tsuchiya y Christof Koch, «Consciousness and Attention: On Sufficiency and Necessity», *Frontiers in Psychology* (diciembre de 2010): p. 217. Christopher G. Davey, Jesus Pujol y Ben J. Harrison, «Mapping the Self in the Brain's Default Mode Network», *Neuroimage* 132 (mayo de 2016): pp. 390-397.

Roger E. Beaty *et al.*, «Creativity and the Default Network», pp. 92-98. Carlo Sestieri *et al.*, «Episodic Memory Retrieval, Parietal Cortex, and the Default Mode Network: Functional and Topical Analyses», *The Journal of Neuroscience* 31, no. 12 (marzo 2011): pp. 4407–4420.
14. Adi Ignatius, «Becoming a Leader, Becoming Yourself», *Harvard Business Review*, mayo de 2015, p. 10.
15. Srini Pillay, *Tinker, Dabble, Doodle, Try: Unlock the Power of the Unfocused Mind* (New York: Ballantine Books, 2017).
16. Nicole Lovato y Leon Lack, «The Effects of Napping on Cognitive Functioning», *Progress in Brain Research* 185 (2010): pp. 155-166.
17. Denise J. Kai *et al.*, «REM, Not Incubation, Improves Creativity by Priming Associative Networks», PNAS 106, no. 25 (junio de 2009): pp. 10130-10134.
18. Denise Dumas y Kevin N. Dunbar, «The Creative Stereo type Effect», PLOS One 11, no. 2 (febrero de 2016): e0142567.
19. Srini Pillay, *Tinker, Dabble, Doodle, Try.*
20. Matthew A. Killingsworth y Daniel T. Gilbert, «A Wandering Mind Is an Unhappy Mind», *Science* 330, no. 6006 (noviembre de 2010): p. 932.

Adaptado de hbr.org, publicado originalmente
el 12 de mayo de 2017 (producto # HO3NKH).

Índice

Índice

Notas

Notas

Notas

Notas

Notas

Notas

Serie Inteligencia Emocional

Harvard Business Review

Esta colección ofrece una serie de textos cuidadosamente eleccionados sobre los aspectos humanos de la vida profesional. Mediante investigaciones contrastadas, cada libro muestra cómo las emociones influyen en nuestra vida laboral y proporciona consejos prácticos para gestionar equipos humanos y situaciones conflictivas. Estas lecturas, estimulantes y prácticas, ayudan a conseguir el bienestar emocional en el trabajo.

Con la garantía de **Harvard Business Review**

Participan investigadores de la talla de
Daniel Goleman, Annie McKee y **Dan Gilbert**, entre otros

Disponibles también en formato **e-book**

Solicita más información en revertemanagement@reverte.com

www.revertemanagement.com

@revertemanagement

LAS LEYES DIARIAS de ROBERT GREENE

Durante 25 años, Robert Greene ha ofrecido lecciones sobre aspectos humanos como el poder, la seducción, la estrategia y la psicología. "Las leyes diarias" recopila su sabiduría en 366 meditaciones, una para cada día del año, que abarcan temas como el liderazgo, la adversidad y la productividad, entre otros. Ryan Holiday se inspiró en este libro para escribir su bestseller "Diario para estoicos".

CÓMO CRIAR HIJOS CON FORTALEZA MENTAL de DANIEL AMEN

El Dr. Daniel Amen y el Dr. Charles Fay fusionan neurociencia, amor y lógica en este innovador libro sobre crianza. Proporcionan herramientas prácticas para abordar problemas de comportamiento, ayudando a los niños a ser responsables, resilientes y capaces de tomar buenas decisiones. Los padres aprenderán a fomentar la salud mental y el potencial de sus hijos.

LAS LEYES DE LA NATURALEZA HUMANA de ROBERT GREENE

Del autor de "Las 48 leyes del poder", bestseller del New York Times, llega la nueva obra de Robert Greene, que te ayudará a comprender el comportamiento humano. A través de ejemplos como Pericles y Martin Luther King Jr., Greene ofrece tácticas para desarrollar la empatía, dominar el autocontrol y ver más allá de las apariencias, promoviendo el éxito y la superación personal en diversas áreas de la vida.

EL LIBRO DE LOS ANIMALES Y SUS SECRETOS de DAVID B. AGUS

David B. Agus, autor bestseller del New York Times, explora cómo los animales pueden enseñarnos a vivir vidas más largas, saludables y felices. Ofrece consejos prácticos basados en la naturaleza para mejorar la salud y el bienestar. Esta guía motivadora y reveladora destaca la importancia de la investigación científica y cómo el mundo animal puede inspirarnos para comprender mejor la salud humana.

MEJORA TU CEREBRO CADA DÍA de DANIEL G. AMEN

366 prácticas diarias para mejorar tu cerebro, tu mente y tu vida. Daniel G. Amen, psiquiatra y neurocientífico con más de 40 años de experiencia, comparte hábitos diarios para mejorar el cerebro, potenciar la memoria y aumentar la felicidad. Estos hábitos promueven la gestión de la mente, la superación del estrés, la búsqueda de propósito y el aprendizaje para una vida saludable y exitosa.

INTELIGENCIA EMOCIONAL, 3ª EDICIÓN de HARVARD

La nueva edición revisada y ampliada, con información actualizada por Daniel Goleman y otros investigadores, ofrece herramientas para mejorar el bienestar y la satisfacción personal a través de la gestión emocional. Con un nuevo capítulo sobre el manejo del estrés y las conexiones emocionales en el trabajo, aprenderás a gestionar tus emociones y mejorar tus relaciones.

DIARIO PARA PADRES ESTOICOS de RYAN HOLIDAY

Del autor del bestseller 'Diario para estoicos', presentamos este nuevo libro, especialmente dirigido a aquellas personas interesadas en utilizar las valiosas enseñanzas y principios de la filosofía estoica en la crianza de sus hijos. 'Diario para Padres Estoicos' te brinda una perspectiva fresca y consejos prácticos para cada etapa del emocionante y desafiante viaje en la vida de tus hijos.

PALABRAS MÁGICAS de JONAH BERGER

"Palabras mágicas" nos enseña cómo las palabras que elegimos influyen en los resultados que deseamos lograr. Sumérgete en un fascinante viaje para descubrir el inmenso poder que las palabras y el lenguaje tienen sobre los resultados que quieres alcanzar en tu vida personal y profesional. Aprende a transformar tus habilidades de comunicación para lograr el éxito y alcanzar tus metas de manera efectiva y duradera.

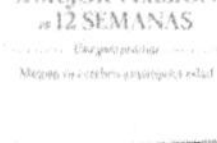

TU MEJOR VERSIÓN EN 12 SEMANAS de SANJAY GUPTA

Una guía transformadora con un enfoque paso a paso para cambiar hábitos arraigados y mejorar nuestra calidad de vida. Al seguir estos consejos, podremos reducir la ansiedad, mejorar el sueño y aumentar la energía, la claridad mental y la resistencia al estrés. Esta guía esencial nos permite adoptar comportamientos saludables y experimentar una transformación en solo 12 semanas.

DIARIO PARA ESTOICOS de RYAN HOLIDAY

Una guía fascinante para transmitir la sabiduría estoica a una nueva generación de lectores y mejorar nuestra calidad de vida. Su Agenda es un complemento perfecto para una reflexión más profunda sobre el estoicismo, así como indicaciones diarias y herramientas estoicas de autogestión.

Disponibles también en formato **e-book.**

Solicita más información en revertemanagement@reverte.com
www.revertemanagement.com
@revertemanagement

Gracias

REM*life*